Für meine Mutt, die sich aufopferte, damit ich
heute mit Stolz sagen darf: „ich bin."
Ihr Angedenken unterstützt
mein Gleichgewicht.

Christel-Sophie Görlach

Duschen bis die Röhren leuchten

und andere Rezepte zur Aktivierung der Selbstheilungskräfte

Bibliografische Information der Deutschen Nationalbibliothek
Die Deutsche Nationalbibliothek verzeichnet die Publikation in der Deutschen Nationalbibliografie;
Detaillierte bibliografische Daten sind im Internet über http://dnb.d-nb.de abrufbar.

Herstellung und Verlag: Books on Demand GmbH, Norderstedt
ISBN 978-3-8370-4051-7

Inhaltsverzeichnis

Von den vielen Wegen der Erkenntnis

Man kann die Augen nicht heilen
ohne den Kopf,
den Kopf nicht ohne den Leib,
den Leib nicht ohne die Seele.

Platon, griechischer Philosoph, 427 - 347 v. Chr.

Wer sind denn nun die besten Ärzte? Wem vertraue ich mein hohes Gut Gesundheit an? Gibt es eine Therapiereihenfolge, vom klassischen Arzt zum Heilpraktiker, zum Wunderheiler, zur Selbstheilung?

Der Mut an Selbstheilungskräfte zu glauben kommt ausgerechnet aus der Stammzellenforschung. In den meisten Organen stehen Stammzellen zur Verfügung, die in der Lage sind, sich immer wieder zu teilen und wieder die Zellen eines neuen Organs zu bilden. Alternde Zellen in fast allen Organen (nur noch bei Herz und Hirn herrscht größere Unklarheit darüber) erneuern sich ständig. Hautzellen erneuern sich innerhalb von zwei bis fünf Wochen. Zellen des Dickdarms erneuern sich in zehn Tagen, Zellen der Magenschleimhaut innerhalb einer Woche. Das gesamte Skelett ist nach durchschnittlich zehn Jahren ausgetauscht (in der Jugend geht es schneller, im Alter dauert es länger). Der schädliche Einfluss auf unsere Reparaturmechanismen (als Beispiel sei einmal die übermäßige UV-Strahlung auf unserer Haut genannt) fördert den Alterungsprozess, wie umgekehrt, die positive Einwirkung auf die vorhandenen Reparaturmechanismen zur Verzögerung des Alterungsprozesses führen muss. Warum nur unterlassen wir es so sträflich, den Apotheker in uns zu aktivieren? Der Mensch ist als gesundes Wesen konzipiert, ausgestattet mit allen Werkzeugen, sich selbst zu heilen. Sind die Werkzeuge in Vergessenheit geraten?

Die folgenden Seiten sollen vor allem Anleitung sein zur Steigerung des Wohlbefindens, eines Wohlbefindens, das man in Eigeninitiative schafft. Um es gleich vorweg zu nehmen: dieses Buch ist nicht die Streitschrift gegen die abendländische Medizin, zugunsten esoterischer Prinzipien.

Die Suche nach der geeigneten Medizin, der richtigen Medizin, ist so alt, wie die Menschheit. Ein Ergebnis steht bereits fest: es gibt auf dieser Erde nicht den richtigen Weg zum immer gesunden, jugendlichen Körper. Beständig bleibt aber die Suche danach. Der Prophet im eigenen Land gilt dabei wenig, zumindest für die Enttäuschten. Das Heil wird in der Ferne gesucht. Ist es da ein Wunder, dass die alternative Medizin unserer westlichen Welt seine Regeln gerade im fernsten Asien, in Indien und China sucht? Schon die alten Griechen trauten in ihrer Welt den eigenen Ärzten nicht immer und schauten nach dem exotischen Ägypten. Homer schreibt in seiner Odyssee über das Pharaonenland: *"Dort bringt die fruchtbare Erde mancherlei Säfte hervor, in guter und schädlicher Mischung. Dort ist jeder ein Arzt und übertrifft an Erfahrungen alle Menschen."* Die Menschen des Mittelalters glaubten an die Werke des im zweiten nachchristlichen Jahrhundert geborenen Galenos von Pergamon. Er ging davon aus, dass alle Erscheinungen in der Natur einen bestimmten Sinn und Zweck haben müssten. Somit war er gar nicht so weit weg von der indischen Ayurveda-Lehre. Galenos war bemüht das *Ungleichgewicht der vier Säfte* (weiße Galle, schwarze Galle, Blut und Schleim) im menschlichen Körper auszubalancieren.

Was wollten die Heiler im alten China, Indien, in Afrika oder im antiken Griechenland? Die Einheit von Leib und Seele herstellen! Die Methoden und Werkzeuge variieren und nehmen gelegentlich auch abstruse Formen an. Allein, das Ziel ist es wert, Mühen und Anstrengungen zu unternehmen, um seinen eigenen Weg herauszufinden. Und noch einmal, es gibt nicht den einen richtigen Weg, aber es gibt ein erstrebenswertes Ziel: einem gesunden Geist einen gesunden Körper zu verschaffen.

Die hier vorgestellten Anleitungen zur Selbstheilung sind nicht vollständig oder gar einzigartig. In täglicher Praxis zeigten sich aber eklatante Erfolge. Vielleicht kann der Leser daran anschließen und sich seinen Weg erarbeiten. Dabei geht es nicht darum, einen besonderen Glauben zu entwickeln, oder den bestehenden zu pflegen. Es genügt, sich der Vorstellung hinzugeben, dass es so sein könnte.

Innerhalb der Vielfalt der Möglichkeiten stützt sich dieses Buch gelegentlich auf die Vorstellung von Energiezentren, aber auch auf die inneren Bilder von Engeln. Die Lehre von den Energiepunkten entlang der Wirbelsäule (Chakren) stammt aus dem tantrischen Hinduismus, repräsentiert also eine asiatische Heilmethode. Der abendländische Aspekt findet sich eher in der Lehre von helfenden Engeln, die vor allem aus den Buchreligionen (Judentum, Christen, Islam) stammen.

Keine Sorge, ein Konflikt im Sinne eines Religionskrieges der Heilmethoden ist in keinem Fall zu erwarten.

Anatomie der Energie: der Körper mit 7 Energiezentren

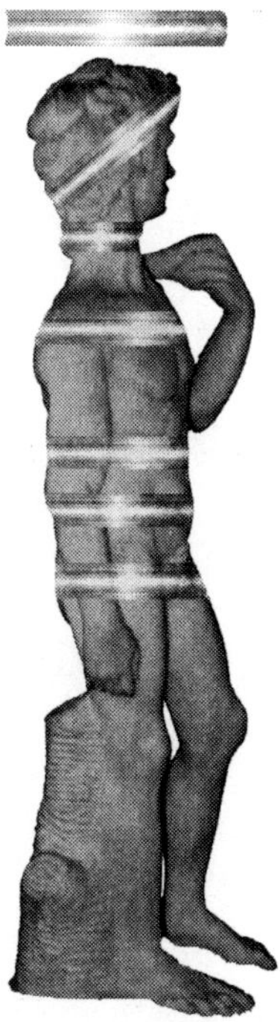

Abgeleitet aus der tantrischen Chakrenlehre sprechen wir von Energiezentren, die in den verschiedenen Körperregionen sitzen. Die unzähligen mystischen Abbildungen und Zeichen sollen Sie nicht blenden und ehrfurchtsvoll erstarren lassen. Stellen Sie sich einfach vor, durch Ihren Körper gehen sieben Röhren, durch die Energie von vorne nach hinten fließt. Vergleichen wir es mit dem Strom: fließen Elektronen in einem Leiter (Draht) erzeugt er um den Leiter ein elektromagnetisches Feld. Das kann gemessen und sichtbar gemacht werden. Würde man jetzt sagen, unsere Energieflüsse sind im Unterschied dazu nicht mess- oder sichtbar, würden einige Heiler aufgebracht, die nicht daran zweifeln, Intensität und Farben durchaus spüren oder gar sehen zu können. Das brauchen wir aber hier nicht zu klären. Sie sollen eine Vorstellung, ein Bild, bekommen und aus dieser Vorstellung heraus für sich eine heilende Behandlung entwickeln. Die Vorstellungskraft wächst mit der Zeit und eines Tages werden Sie vielleicht auch „sehen“ können.

Diese Röhren nun sind leider nicht ganz frei und durchlässig, sie sind gestört oder blockiert. Wären alle Energiezentren frei und durchgängig, wären Sie im Sinne des Hinduismus bzw. Buddhismus erleuchtet. Das dürfte bei ihnen (noch) nicht der Fall sein, sonst würden Sie so ein Buch nicht lesen (müssen). Ziel unserer gemeinsamen Arbeit wird es aber sein, möglichst viele dieser Blockaden aufzulösen.

Jede Röhre, jedes Energiezentrum, steht für einen bestimmten Bereich körperlicher oder seelischer Gesundheit. Es ist nützlich für die weitere Vorgehensweise, wenn wir uns ein wenig mit den Eigenschaften und Wirkungen der Röhren vertraut machen.

Zentrum 1, Spender von Lebenskraft

Betrachten wir die Lage der Zentren von unten nach oben. Analog zur Natur sprechen wir hier von dem Lebenskraft spendenden Zentrum 1. Dieser Punkt 1, in der Höhe des Steißbeins, verbindet uns mit der Erde. Er ist prinzipiell nach unten gerichtet, in unserer Energieflussdarstellung fließt es von vorne nach hinten.

Steht für	Lebenswillen, Sicherheit, Erdung, Durchsetzungskraft, Sexualität
Beeinflusst	Knochen, Beine und Füße, Zähne, Sexualorgane, Prostata, Verdauung, Kortisonbildung
Bewirkt	Geborgenheit, gute gesundheitliche Konstitution, gute Verdauung, stabile Knochen und Nägel
Blockaden sind	Existenzängste, Depressionen, Durchfall, Krampfadern und Venenleiden, allergische Beschwerden
Liebt diese Düfte	Rosmarin, Nelke, Ingwer
Mitschwingende Steine	Alle roten Steine; Roter Jaspis, Granat, Rubin
Im Alltag zu fördern durch	Viel frische Luft, Gartenarbeit, Barfuss gehen, rote Kleidung, trommeln, Sonnenuntergang beobachten

Zentrum 2, Quell der Lebensfreude

Das Zentrum 2 liegt etwas unterhalb des Nabels und versorgt die Sexualorgane, Gebärmutter, Nieren, Dick- und Dünndarm und die Blase mit Energie. Klar, dass aufgrund von Lage und Zielrichtung diese Energieröhre besonders für Frauen von Bedeutung ist. Ein freies Zentrum 2 bedeutet Lebensfreude und gesunde Sexualität. Ein blockiertes Zentrum 2 ist verantwortlich für Unlust, aber auch Eifersucht.

Steht für	Sexualität, Emotionen
Beeinflusst	Geschlechtsorgane, Nieren, Blase, Darm, Immunsystem
Bewirkt	Sexuelle Energie, Begeisterungsfähigkeit
Blockaden sind	Potenzstörungen, Verstopfungen, Myome, Zysten, starke Stimmungsschwankungen
Liebt diese Düfte	Sandelholz, Vanille
Mitschwingende Steine	Alle orangefarbigen Steine; Orangencalcit, Honigcalcit
Im Alltag zu fördern durch	Schwimmen, tanzen, orangefarbene Kleidung tragen

Zentrum 3, Selbstvertrauen und gesunder Appetit

Es befindet sich in Magenhöhe und versorgt Magen, Leber und Milz mit Energie und übernimmt Verantwortung für den Verdauungsprozess. Gleichgültigkeit oder mangelndes Selbstbewusstsein weisen auf eine Störung hin.

Steht für	Selbstvertrauen und Durchsetzungskraft
Beeinflusst	Magen, Leber, Milz, vegetatives Nervensystem
Bewirkt	Gute Bauchentscheidungen, Lebensfreude
Blockaden sind	Wutanfälle, Essstörungen (Übergewicht), Magenerkrankungen, übermäßiger Ehrgeiz
Liebt diese Düfte	Kamille, Lavendel, Zitrone
Mitschwingende Steine	Alle gelben Steine; Citrin, Bernstein
Im Alltag zu fördern durch	Am Feuer oder im Kerzenschein sitzen, kurz in der Sonne liegen, gelbe Kleidung tragen

Zentrum 4, gut für die Liebe

Das Zentrum 4 läuft in Herzhöhe durch, in der Mitte des Brustbereiches. Arme und Hände gehören zum Einflussbereich, ebenso wie das Blut selbst. Die Liebe zu den anderen, ein angenehmer Altruismus und gelebte Toleranz sind die Anzeichen für ein funktionierendes Zentrum 4. Auch die Liebe zu sich selbst gehört zu den gesunden Eigenschaften und Gefühlen. Kontaktschwierigkeiten und gefühlte Einsamkeit blockieren den Energiefluss.

Steht für	Mitgefühl, Zuneigung, Liebe
Beeinflusst	Herz, Lunge, Blut, Arme, Hände
Bewirkt	Akzeptanz anderer Lebenseinstellungen, Gefühlswärme
Blockaden sind	Allergien, Blutdruckabweichungen, Verbitterung
Liebt diese Düfte	Rose, Jasmin, Kardamom
Mitschwingende Steine	Alle grünen und rosa Steine; Rosenquarz, Malachit, grüne Jade
Im Alltag zu fördern durch	Sich um andere kümmern, Zimmerpflanzen aufstellen, grüne Kleidung tragen

Zentrum 5, für Ihre Inspiration

Gelegen auf der Höhe des Kehlkopfes beeinflusst es die Stimme, die Atmung, den Nackenbereich. Sprachstörungen und Hemmungen sind Anzeichen für eine Blockade.

Steht für	Inspiration, Kommunikation
Beeinflusst	Speise- und Luftröhre, Schilddrüse
Bewirkt	Gute Ausdrucksfähigkeit, Musikalität
Blockaden sind	Halsschmerzen, Heiserkeit, Antriebsschwäche
Liebt diese Düfte	Eukalyptus, Pfefferminze
Mitschwingende Steine	Hellblaue Steine; Aquamarin, blauer Topas, blauer Turmalin
Im Alltag zu fördern durch	Tagebuch schreiben, im Chor singen, Sprachen lernen, hellblaue Kleidung tragen, Seidenschal

Zentrum 6, das Vergessen vergessen

Das Zentrum 6 verläuft vom Hinterkopf etwas schräg durch die Stirne. Einige nennen es das „dritte Auge." Energetisch verbindet es das Gehirn mit den Sinnesorganen Augen, Ohren und Nase. Das Hormonsystem nimmt seine Energien von dieser Stelle. Vergesslichkeit und Sehschwächen sind entsprechende Störungen.

Steht für	Phantasie, Selbsterkenntnis, innere Bilder
Beeinflusst	Augen, Ohren, Nase, Hypophyse
Bewirkt	Gutes Gedächtnis, Konzentration
Blockaden sind	Kopfschmerzen, Schnupfen, Konzentrationsschwächen
Liebt diese Düfte	Jasmin, Veilchen, Weihrauch
Mitschwingende Steine	Blaue Steine; Lapislazuli, Saphir, Bergkristall
Im Alltag zu fördern durch	Träumen, philosophieren, blaue Kleidung tragen

Zentrum 7, Sendestation nach oben

Ganz oben am Schädeldach, am Scheitelpunkt des Schädels, oder sogar noch außerhalb des Schädels, liegt das Zentrum 7 für die Erleuchtung oder ausgeprägtes Gottvertrauen. Depressive Stimmungen oder Verwirrungen deuten auf die Störung dieses hochsensiblen Bereiches hin. In der christlichen Bilddarstellung dürfte das Zentrum 7 dem Heiligenschein entsprechen.

Steht für	Religiosität, Gotterkenntnis
Beeinflusst	Epiphyse, gesamter Organismus
Bewirkt	Tiefer innerer Friede, Vollendung
Blockaden sind	Geistige Erschöpfung, Lähmungserscheinungen, Schlafstörungen
Liebt diese Düfte	Weihrauch, Rosenholz
Mitschwingende Steine	Lila Steine; Amethyst, Bergkristall
Im Alltag zu fördern durch	Weite Ausblicke suchen, Berggipfel besteigen, lila Kleidung tragen

Schutzengel schützen

Hütet euch davor,
einen von diesen Kleinen zu verachten!
Denn ich sage euch:
Ihre Engel im Himmel sehen stets das
Angesicht meines himmlischen Vaters.

Matthäus 18,10

In Deutschland glauben zwei von drei Befragten an die Existenz von Schutzengeln. Jeder Vierte bestätigt, dass ihm schon einmal von einem Schutzengel geholfen wurde. Unabhängig von dem Bild, das sich der einzelne von seinem Schutzengel macht, genügt der Glaube, er könnte helfen. Die vielen Gemälde, die uns Engel zeigen, kleine nackte Kinder mit Flügeln, oder stolz bewaffnete Gestalten in wehenden Gewändern, beeinflussen unsere Vorstellung sehr. Suchen Sie trotzdem ein eigenes Bild zu malen. Aber es soll auch nicht wichtig sein, wie ein Engel aussieht. Geistige Wesen brauchen prinzipiell keine Bilder, die in Rahmen an die Wand passen. Engel sollen unser Bild im Kopf sein. Schon der Kirchenlehrer Augustinus aus dem vierten nachchristlichen Jahrhundert setzte sich über die Bildbeschreibungen in der Bibel hinweg und bezeichnete Engel als rein geistige Wesen, die ihrer *Natur* nach Engel sind, aber das *Amt* eines Engels haben.

Sehr viele Bücher über Engelerfahrungen wurden schon geschrieben, einige davon durchaus lesenswert, weil sie zeigen, wie sich Hoffnungen erfüllten. Für die „Engel-Sammler“ gibt es Bücher, die gar lexikalische Werke darstellen, um alle Engel dieser Welt aufzuzählen. Aus der Bibel kennen wir drei Erzengel mit Namen: Michael, Gabriel und Raphael. Im 15. Jahrhundert sollen dem Ordensmann Menez de Silva auch die Erzengel Uriel, Jehudiel, Barachiel und Sealtiel erschienen sein. Diese wurden aber von der christlichen Kirche nie anerkannt. In der jüdischen Theologie kennt man ebenfalls sieben Erzengel. Der Islam weißt Aufgaben vier Erzengeln zu.

Die Namen der Erzengel variieren stark. Neben den bereits genannten sprechen manche noch von Jophiel, Chamuel, Zadkiel, Raziel, Metatron, Haniel, Sandalphon, usw. Jedem dieser Engel werden auch Aufgaben und Verantwortungen zugeschrieben. Michael soll den Stolz bekämpfen, Gabriel den Geiz, Raphael die Wollust. Die Engelscharen werden auch immer wieder in Hierarchien eingeordnet, die man vorwiegend aus der Bibel versucht abzuleiten.

Das Faszinierende an der Engelsgestalt ist, dass hier das ausschließlich Gute personifiziert und benahmt wird. Engel sind in erster Linie beauftragt, etwas Gutes für den Menschen zu tun.

Neben den Erzengeln gibt es noch die Heerscharen der übrigen Götterboten. Die genaue Anzahl der Engel lässt sich auch aus den Bibelstellen nicht ableiten. Es wird immer darauf hingewiesen, dass es unzählige, Myriaden von Engeln gibt. Ein guter Hinweis, denn dann ist auf alle Fälle auch einer für Sie vorhanden!

Die hintergründige Dimension des menschlichen Daseins illustrieren Engel in schönster und angenehmster Weise. Wir werden also unsere Engel für uns aktivieren, ihre Schwingungen nützen oder wenigstens darauf achten, wie sie Einzug in unser Denken halten.

Engel sehen

Das Bedürfnis seinen oder irgendeinen Engel sehen zu wollen ist selbstverständlich ausgeprägt. In diversen Internetforen wird, mit unterstellter Ernsthaftigkeit, angefragt, wie denn so ein Engel aussieht. Die Antworten der Experten dort sind immer ähnlich: sie empfehlen für die Sichtung Geduld und das Abwarten des richtigen Zeitpunkts, es würde dann automatisch passieren. Tatsächlich gibt es nicht das perfekte Ritual an dessen Höhepunkt der oder die Engel auftauchen. (Rituale sind aber dennoch sinnvoll, weil sie ablenken von den Gedanken des hier und jetzt, den Büropflichten, den Haushaltsplanungen.)

Engel gehören zu den Erscheinungen, die über den Menschen gesetzt werden. Weil sich Menschen aber auf dieser Welt schon ziemlich gut gefallen, ist ihre Vorstellung von Engeln auch eine ziemlich menschliche. Kein Wunder also, wenn Gesicht, Körper, Arme und Füße zur Engelsgestalt zusammengebaut werden. Feingliedrigkeit und Durchsichtigkeit sind dann noch individuelle Geschmacksorientierungen.

Versuchen Sie ruhig, Ihrem Engel Gestalt zu geben. Dieses selbst erzeugte Bild ist aber damit noch längst nicht Vorlage für Bilder anderer Menschen. Beschreiben Sie ruhig ihrem Mitmenschen, den Engel, den Sie gesehen haben, den Sie sich vorgestellt haben, aber erwarten Sie nicht, dass Ihr Gegenüber dieses Bild als Malvorlage für seinen Engel nimmt. Geben Sie ihm Mut, selbst nach dem Bild zu suchen, geben Sie ihm eine Chance. Seien Sie auch nicht verwirrt, wenn die Beschreibungen anderer Engelsseher von Ihren Bildern abweichen. Bleiben Sie bei Ihrem Bild, solange es Ihnen gefällt.

Der schon verstorbene Pädagoge und angesehene Lyriker Rudolf Otto Wiemer hat ein sehr schönes, passendes Gedicht darüber geschrieben, wie Engel aussehen können. Der Titel ist schon erster, vielsagender Hinweis: *„Es müssen nicht Männer mit Flügeln sein.“*

Es müssen nicht Männer mit Flügeln sein,
die Engel.
Sie gehen leise, sie müssen nicht schrein,
oft sind sie alt und hässlich und klein,
die Engel.

Sie haben kein Schwert, kein weißes Gewand,
die Engel.
Vielleicht ist einer, der gibt dir die Hand,
oder er wohnt neben dir, Wand an Wand,
der Engel.

Dem Hungernden hat er das Brot gebracht,
der Engel.
Dem Kranken hat er das Bett gemacht,
und er hört, wenn du ihn rufst, in der Nacht,
der Engel.

Er steht im Weg und er sagt: Nein,
der Engel.
Groß wie ein Pfahl und hart wie ein Stein
es müssen nicht Männer mit Flügeln sein,
die Engel.

Rudolf Otto Wiemer, 1986, Geschichten und
Gedichte zur Weihnachtszeit

Engel spüren

Nehmen wir einen Rasierapparat. Wir schalten ihn ein und spüren das Vibrieren oder Schwingen der Messer, das sich auf das ganze Gehäuse überträgt. Trotzdem sehen wir diese kleinen Schwingungen nicht. Wir können also Schwingungen spüren, die wir nicht sehen. Würden also Engel entsprechende Schwingungen aussenden, könnten wir sie spüren, ohne sie sehen zu müssen. Haben Sie schon einmal solche Schwingungen gespürt, außerhalb Ihres Rasierapparates? Natürlich müssen das nicht Engel sein. Ein leichtes Erdbeben kann man spüren, einen Blitzschlag ebenso, wie das Vibrieren des Motors, trotz umfangreich gepolsterter Ledersitze im Auto. Das hat mit Engeln nichts zu tun.

Niemand wird zweifeln, dass Schwingungen spürbar, fühlbar sind. Viele Gegenstände schwingen auf einer besonderen, oft messbaren Frequenz. In dem Roman Blechtrommel von Günter Grass singt Oskar einen so lauten, hochfrequenten Ton, dass Glas zerspringt. Gewöhnlich ist die menschliche Stimme nicht geeignet so laut und eindeutig die Frequenz von Glas zu erzeugen, dass es zu dieser Resonanzkatastrophe kommt. Mit entsprechenden technischen Hilfsmitteln (Frequenzgeneratoren) ist es aber sehr einfach möglich, ein schwingungsfähiges System mit seiner Eigenfrequenz zur Resonanz zu bringen. Diese Resonanzen sind natürlich auch spürbar. Hört man Musik mit starken Bässen, kann es vorkommen, dass diese Bassfrequenzen mit der Eigenfrequenz des Gebäudes zusammenfallen. In diesem Fall hört man den Bass nicht, spürt aber das Wummern.

Ohne Ausschaltung von physikalischen Regeln, können wir auch als Person Schwingungen wahrnehmen, deren Ursachen für uns unsichtbar sind. Das kann das unsichtbare Wummern des Basses aus der Stereoanlage des Nachbarn sein, aber es könnte doch auch ein Wesen sein, das in unserer Frequenz schwingt, oder? Wenn dieses nun in unserer Vorstellung ein Engel, mein Engel, ist? Diese Vorstellung ist keineswegs beängstigend und es braucht auch nicht zahlreiche weitere Überprüfungen, ob es sich wirklich so verhält. Überlassen wir uns in diesem Fall einfach einmal einem Engelglauben.

Engel hören

Seit es Fernseher gibt stellen wir das Sehen vielleicht über das Hören. Doch wie viel schöner ist Hörgenuss, wenn wir die Augen schließen. Bei unserem Lieblingsmusikstück machen wir gerne die Augen zu, um noch besser und intensiver den Klang aufzunehmen. Doch kann man auch Stille hören, zumindest versuchen. In diesen Momenten sprechen wir vom in sich hineinhören. Dieses stille Hineinhören ist auch ein guter Therapieansatz, um Anspannungen abzubauen.

„Hört der Engel helle Lieder" heißt es zur Adventszeit. Engelstimmen verbinden wir gerne mit hellen Tönen. Das liegt vermutlich daran, dass in vielfältigen Abbildungen, von Männern gemalt, das Schöne immer gerne weiblich ist. Zur Weiblichkeit gehört nun einmal eine helle Stimme. Ihr Engel muss aber nicht eine helle Stimme haben. Sollten Sie versuchen, Ihren Engel zu hören, kaprizieren Sie sich nicht auf helle Stimmen. Schenken Sie auch den dunklen Tönen Gehör. Ist Ihre innere Stimme vielleicht die Ihres Engels? Lassen Sie es ruhig zu, dieser inneren Stimme auch Gestalt und Namen zu geben. Warum nicht eine Engelsgestalt und einen Engelsnamen?

Engel riechen

Engel riechen wie Blumen. Das könnte so sein, muss aber nicht. Der Geruch von Blumen ist für den Menschen gut erinnerbar. Wir wissen, wie ein Veilchen riecht, wir erinnern uns an den Rosengeruch, wir schaffen es, einen Weihrauchgeruch zu spüren, wenn wir Orgelmusik hören. Einige Sinnesmuster sind wohl fest in uns programmiert. Das sonntägliche Kirchegehen konditioniert sicher Weihrauch und Orgel. Gute Erlebnisse riechen gut, schlechte Erfahrungen haben auch Fehlaromen. Wir können uns einen Teufel mit Schwefelgeruch genauso gut vorstellen, wie einen Engel mit Veilchenduft. Der Schwefelgeruch aus einem Silvesterfeuerwerk weist nicht zwangsläufig darauf hin, dass der Leibhaftige in der Nähe sein müsste. Ein Rosengeruch ist nicht schon Hinweis auf eine Engelnähe.

Trotzdem können Sie natürlich Gerüche mit Ihrem Engel verbinden. Sie brauchen in keinem Esoterikforum nachlesen, wie welcher Engel riecht. Kreieren Sie Ihren eigenen Duft. Zur rechten Zeit taucht dieser Duft in Ihrer Nase auf. Das wird sie freuen, einerseits weil Sie diesen Duft lieben, andererseits, weil Sie Ihren Engel bei sich mutmaßen.

Fragen Sie also nicht, wie ein Engel riechen kann und darf, geben Sie Ihrer Vorstellung einfach einen Duft. Karl Lagerfeld sagte: *„Der Duft muss die besten Augenblicke des Lebens wieder wachrufen.“* Eine Begegnung mit Ihrem Engel sollte zu den besten Augenblicken Ihres Lebens gerechnet werden.

Geist und Seele reinigen: Mittel aus dem Laden um die Ecke

Der aber, der sich reinigt,
soll seine Kleider waschen
und alle seine Haare abscheren
und sich mit Wasser abwaschen,
so ist er rein.

Levitikus / 3. Mose, Kapitel 14

In diesem Kapitel soll kurz beschrieben werden, welche Mittel hilfreich, bzw. welche Prozeduren möglich sind, um den Prozess der Selbstheilung zu unterstützen. Allen Mitteln gemeinsam ist, sie unterstützen die Vorstellungskraft, sie sind Vehikel den Arzt und Apotheker in uns selbst zu aktivieren. Es sind diese kleine Helfer, die, zusammen mit Glaube und Willen, unser Handeln zur Wirkung bringen und zum Erfolg führen.

Die Hilfsmittel sind überall erhältlich, einschlägige Geschäfte dafür brauchen Sie nicht besuchen.

Steine auf Frequenz gestellt

Die kleinste Bewegung ist für die ganze Natur von Bedeutung;
das ganze Meer verändert sich,
wenn ein Stein hineingeworfen wird.

Blaise Pascal, Gedanken

Was wären wir ohne unsere supergenaue Quarzuhr? Die piezoelektrischen Fähigkeiten des Quarzes werden genutzt, um eine Resonanzsituation zu erzeugen. Die umsetzbaren Schwingungen entstehen, wenn die elektrische Frequenz der Eigenfrequenz des Quarzes entspricht. Steine haben also ihre spezifische Frequenz, Steine „speichern" eine Schwingung, um das etwas unphysikalischer auszudrücken. Schnitt und Kristallstruktur der Steine beeinflussen die Frequenz. Diese Schwingungen sollen nun dem Menschen nutzbar gemacht werden.

Elektromagnetische Signale entstehen in jedem Organismus durch die physikalischen Prozesse in Muskeln und Nervenfasern. Diese Schwingungen sind meist messbar in EKGs und EEGs. Ob tatsächlich einzelne Organe jeweils auf einer eigenen, „gesunden" (harmonischen), Wellenlänge schwingen, ist nicht messbar, bislang jedenfalls. Dadurch, dass sich Schwingungen immer wieder überlagern, ist auch die „gesunde“ von der „pathogenen“ (krankmachenden) Schwingung nicht zu trennen. Die Überlagerung der Schwingungen der Steine mit denen der Organe ist vorstellbar, obwohl eine Messung ausscheidet, nicht zuletzt weil diese Schwingungen unterhalb des Rauschpegels liegen. Die Heilwirkung unterstützen sollen Steine, die auf der gleichen Frequenz schwingen und somit Resonanz erzeugen.

Seide, sanft wie Haut

Seide wurde erfunden, damit die Frauen nackt in Kleidern gehen können.

Aus dem Arabischen

Unser größtes Organ ist die Haut. Über unsere Haut nehmen wir unsere äußere Welt wahr, wir spüren Wärme und Kälte, wir lassen uns durch Streicheln der Haut liebkosen, wir reinigen sie regelmäßig, wir nehmen Cremes und Öle, damit sie sanft und geschmeidig bleibt.

Das Schönste, das Haut berühren kann ist sicher Haut. Sehr ähnliche Gefühle, vielleicht durch die hautähnliche Eiweißstruktur, erzeugt Seide auf der Haut. Mit Seidentüchern lassen sich deshalb, nicht notwendiger-, aber angenehmerweise, Reinigungsprozeduren durchführen. Maulbeerspinner, aus dessen Kokon die Seide meist gefertigt ist, wurden schon vor fünftausend Jahren in China gezüchtet. Somit passt das sehr gut zu den tantrischen Methoden, die unsere Selbstheilungskraft anregen sollen.

Salz, Würze des Lebens

Salz ist unter allen Edelsteinen, die uns die Erde schenkt, der Kostbarste.

Justus von Liebig

Besonderes Augenmerk wollen wir auf das Salz und seine reinigende Wirkung richten. Auf keinen Fall soll hier vom „Himalaya-Salz“ gesprochen werden, das in esoterischen Kreisen so beliebt ist. Im Himalaya gibt es interessanterweise überhaupt keine Salzminen. Das sogenannte Himalaya-Salz stammt aus Pakistan und hat sicher nicht mehr Kräfte, als das Kristallsalz aus unseren heimischen Alpen, das immerhin schon 250 Millionen Jahre alt ist.

Der tägliche Salzbedarf des Menschen beträgt etwa drei bis sechs Gramm. Dabei kommt es natürlich sehr auf die klimatischen und sonstigen Lebensumstände an. Verliert der Körper durch Schwitzen mehr Salz, gibt man ihm auch mehr als sechs Gramm, maximal bis zu zwanzig Gramm, zurück. Uns geht es aber diesmal nicht um die orale Salzaufnahme, sondern um Salz als Reinigungsstoff zur Schaffung eines Gleichgewichts von Geist und Körper.

Eine dichte Salzkonzentration im Badewasser (sechs Prozent) erzeugt schon einen Auftrieb im Wasser, wie man ihn vom Schwimmen im Toten Meer kennt. Das Gefühl des Leichterwerdens ist schon ein Genuss. Die osmotische Wirkung salzigen Badewassers eignet sich auch zur Auslagerung von ungünstigen Stoffen auf dem chemisch-physikalischen Weg, so ganz ohne Glaubensnotwendigkeit. Mineralien und Spurenelemente aus dem Salz können in die Haut einwandern und dort Feuchtigkeit binden. Ein glatter Teint ist das Ergebnis dieser Schönheitskur, die angeblich auch schon Kleopatra kannte, die sich das Salz vom Toten Meer allerdings noch mit Honig und Milch mischen ließ. Auf Shampoos oder Seifen ist in unseren Fällen natürlich zu verzichten.

Achtung: länger als zwanzig Minuten sollte ein Salzbad aber keinesfalls dauern, sonst kehrt sich das System um und alles mühsam Ausgespülte wandert wieder ein.

Wasser mit Rätseln

Was wir wissen, ist ein Tropfen,
was wir nicht wissen, ist ein Ozean.

Isaac Newton

Wasser ist eine Glaubensfrage. Kaum einen besseren Streitpunkt gibt es darüber, was Wasser kann, was Wasser darf, welche Rätsel im Wasser stecken. Die Streitthemen lassen sich relativ einfach zusammenfassen: hat Wasser ein Gedächtnis und transportiert Wasser Eigenschaften durch Strahlung? Der Japaner Masaru Emoto schrieb ein beachtetes und natürlich umstrittenes Buch über „Die Botschaft des Wassers". Aber Emoto ist kein Wissenschaftler, auch er hängt am Glauben, wie Herr Grander aus Österreich, der sein „belebtes Wasser" vermarktet, mit dem selbst die Pferde der Wiener Hofreitschule getränkt werden.

In Deutschland ist Wasser ein Lebensmittel und darf nicht mit unbelegten, gesundheitsbezogenen Angaben vertrieben werden. Aber wir wollen auch kein Wasser verkaufen, wir wollen Wasser benützen, um unserem Körper Gutes zuzuführen. Das kann Wasser auch unbestritten. Soweit wir den Reinigungsprozess beschreiben, werden wir auch nicht Wasser aus geheimen Quellen verwenden, sondern aus der Leitung in unserem Haushalt.

Trinken Sie gerne Wasser – und Sie sollten das – schauen Sie sich in Ihrer Nähe nach geeigneten Quellen um.

Die Faszination Wasser entwickelt sich aus der Tatsache, dass wir es mit einem immerwährenden Kreislauf zu tun haben: Wasser vom Erdboden, aus Flüssen und Meeren, oder von Pflanzen, verdunstet, steigt auf, verbindet sich mit anderen Wasserteilchen und fällt als Regen zu uns herab, durchwandert Bergritzen und lässt sich als sprudelnde Quelle wiederfinden. Keine Frage ist, dass sich Wasser mit Mineralien anreichert, eine schöne Vorstellung dagegen ist, dass auf diesen vielfältigen Wegen Energie aufgenommen wird, die wir uns nutzbar machen können.

Die Natur nachahmend, wird immer wieder versucht, Wasser noch zusätzlich zu energetisieren. Einige setzen es in eine besondere Bewegung, andere geben Steine in einen gefüllten Wasserkrug, Blüten werden auf das Wasser gelegt. Besprechen des Wassers oder Beschallen mit schöner Musik sollen Strukturen schaffen, die Kräfte in uns anregen. Das alles geschieht den Wissenschaftlern zum Trotz, die bisher noch nie eine Veränderung messen oder sichtbar machen konnten. Die schönen Wasserbilder vom „Wasserforscher" Emoto sind auch eher „Phantasie als Wissenschaft", wie er selbst einmal einem Journalisten gegenüber gestand.

Rauch regt an

Aus der Hand des Engels stieg der Weihrauch mit den Gebeten der Heiligen zu Gott empor.

Offenbarung 8,4

Rauch und Geist passen gut zusammen. Das Ungreifbare eines Geistes findet sein Pendant im Rauch. Zunächst sichtbar, verliert sich der Rauch im Nichts, doch seinen Duft nehmen wir noch wahr, Stunden nachdem das Grau längst verschwunden ist. Der Duft zeigt, es gibt noch etwas, das, vormals sichtbar, sich nur in einen unsichtbaren Zustand gewandelt hat. Kein Wunder also, wenn viele geistige Rituale mit Rauch zelebriert werden. Der Weihrauch der kirchlichen Liturgie wurde dem römischen Kaiserzeremoniell entnommen. Ursprünglich wollte man dem triumphierend durch die Straßen ziehenden Kaiser den Kloakengeruch ersparen und legte darüber eine intensiv schmeckende Rauchfahne.

Unstrittig sind die Wirkungen von Rauch, wobei jetzt nicht der die Lungen ruinierende Tabakrauch, oder der rauschig wirkende Haschischrauch gemeint sind. Sprechen wir hier einmal von der Gutwirkung des Weihrauchs: Harz aus der Rinde des Boswellia-Strauches (Vorkommen in Indien, Südarabien, Somalia) wurde schon frühzeitig eingesetzt zur Behandlung von rheumatischen Erkrankungen. In der heutigen, alternativen, Medizin ist das ein probates Mittel vor allem bei Morbus Crohn (chronisch-entzündliche Darmerkrankung).

Die beruhigende, die Konzentration fördernde Wirkung von Rauch lässt sich gut einsetzen beim Nachdenken über sich selbst. Eine begleitende, etwaige heilmittelartige Wirkung sollte aber nie dazu führen, dass aus dem zuviel eine Feinstaubbelastung in unseren Räumen entsteht, die einem Verkehrsknotenpunkt zur Ehre gereichen würde. Beim Verbrennen entsteht meist auch das gesundheitsschädliche Benzopyren. Aber wir wissen ja: die Menge macht das Gift.

Öl, geschmeidiges Duften

Solange der König an der Tafel liegt, gibt meine Narde ihren Duft.

Hohelied 1,12

Plinius der Ältere scheint ein fröhlicher Zeitgenosse des ersten Nachchristlichen Jahrhunderts gewesen zu sein. Er empfahl für den Menschen zwei Sorten von Flüssigkeiten: nach innen den Wein und für außen das Öl. In der ayurvedischen Medizin werden Ölmassagen bei Durchblutungsstörungen eingesetzt. Die innere und äußere Fettung macht den Körper des Patienten weich und geschmeidig. Im Gegensatz zu den fetten Ölen finden ätherische Öle (leicht flüchtende Pflanzenauszüge) in verdünnter Form meist als Duftstoff Verwendung. Zum Aufbringen auf die Haut werden ätherische Öle mit Pflanzenöl (Beispiel Jojoba-Öl) verdünnt. Allergiker, die auf eine bestimmte Pflanze reagieren, reagieren auch auf deren ätherisches Öl. Vorsicht ist also im Umgang geboten.

Der Anteil der Pflanzen, die ätherische Öle enthalten, liegt bei etwa einem Prozent. Das erhöht den Respekt vor den etwa 2.500 Pflanzen mit ihren anregenden und heilkräftigen Düften. Für viele dieser Pflanzen sind die Duftstoffe Lockmittel zur Befruchtung, aber auch selbstproduzierte Heilmittel gegen verletzende Mikroorganismen.

Ein Beispiel für die Kostbarkeit verschiedener Öle ist das Narde-Öl aus Indien, das sogar mehrmals in der Bibel erwähnt wird. Mit einer Menge, die einem damaligen Handwerkerjahreslohn entsprochen haben dürfte, salbte Maria die Füße von Jesus. Heute kosten zehn Milliliter des süßlich-holzigen, erdigen Duftes circa zehn Euro.

Nur ein paar Tropfen, in den Handflächen verrieben, wirken bereits fühlbar erfrischend.

Am Anfang steht die Frage nach dem Warum

Schmerz tritt häufig, aber nicht immer, begleitend zu einer Krankheit auf. Die Internationale Schmerzgesellschaft (ja, so etwas gibt es tatsächlich) definiert Schmerz als *„unangenehmes Sinnes- und Gefühlserlebnis, das mit aktueller oder potenzieller Gewebeschädigung verknüpft ist oder mit Begriffen einer solchen Schädigung beschrieben wird"*. Schmerz ist eine Schutzreaktion des Körpers, er warnt uns, dass etwas ins Ungleichgewicht geraten ist. Dabei müssen wir gar nicht so sehr darauf achten, ob der Schmerz nur gefühlt (psychosomatisch) ist, oder ob er auf einer physischen Verletzung basiert. Die Schmerzrezeptoren arbeiten immer und schicken ihre Reize an unser zentrales Nervensystem. Eine Schnittwunde erzeugt ebenso Schmerz, wie eine nur telefonisch übermittelte Nachricht über den Tod eines lieben Menschen. In beiden Fällen gerät etwas in uns aus dem Gleichgewicht.

Ein gesunder, zufriedener Mensch ist im Einklang mit sich selbst. Er weiß, was gut für ihn ist, er fühlt sich ausbalanciert. Beim kranken Menschen ist irgendetwas ins Ungleichgewicht geraten. Das gilt es herauszufinden. Eine Frage heißt also: was in mir fühlt sich ungleichgewichtig an? Noch wichtiger ist die Frage: warum ist das so? Die Information darüber hat nur der Krankheitsträger. Lassen Sie sich nicht verführen bei der Frage nach dem Warum nach irgendjemands Schuld zu suchen, das lenkt nur ab und leitet nicht in die richtige Richtung.

„Bewusste, ausdrückliche und wohlüberlegte Nutzung der besten Informationen für die Entscheidungsfindung über die Behandlung eines Patienten“ ist die Basis für die evidenzorientierte (erfahrungsorientierte) Medizin. Der Satz kann und darf aber auch für eine Medizin gelten, die ihre Informationen nicht allein aus klinischer Erfahrung nimmt. Warum sollen nicht die vieltausendjährigen Erfahrungen der Chinesen oder Inder bei der Suche nach der Krankheitsursache mithelfen dürfen?

Dieses Buch ist keine Einführung in die entsprechenden Heilslehren, ihre Erwähnung soll aber zeigen – und natürlich Anleitung geben, wie sehr bei den verschiedenen Methoden auf das innere Gleichgewicht geachtet wird. Ungleichgewichte erkennen heißt also auch, der Krankheitsursache auf die Spur kommen. Das ist der entscheidende Ansatz, um unsere Selbstheilungskräfte zu aktivieren.

Die Traditionelle Chinesische Medizin (TCM)

Neben äußeren Einflüssen können auch Emotionen die Gesundheit beeinflussen. Die traditionelle chinesische Medizin (TCM) benennt die beeinflussenden Stimmungslagen:

Angst, Zorn, Grübeln, Traurigkeit und Freude. Die Stimmungslagen werden dann den fünf Elementen zugerechnet (Wasser, Holz, Erde, Metall und Feuer) und geben somit Anleitung, welche Organe betroffen sein könnten. Ein Energiemangel in dem einen oder anderen Element ist dann ursächlich für die Krankheitserscheinung. Die Therapie stützt sich im Weiteren logischerweise auf die Zufuhr von Energie in dem entsprechenden Element und stärkt somit die inneren Kräfte zur Heilung. Neben diesen inneren Ursachen kennt TCM auch noch die äußeren Einflüsse aus klimatischen Faktoren: Wind, Nässe, Trockenheit, Kälte, Hitze, Seuche.

Die ayurvedische Medizin

Fünf Elemente, die ins Ungleichgewicht geraten können, kennt auch die ayurvedische Medizin. Hier sind es Erde, Wasser, Feuer, Luft und Raum. Zusätzlich dazu gibt es noch drei Zustände, Doshas genannt, die von vorneherein dem Menschen zugeboren sind. Vata, Pitta und Kapha nennt man diese Zustände, die möglichst im Verhältnis des angeborenen Zustandes verweilen sollen, damit Körper und Geist gesund bleiben.

Kräfte, die für die Beweglichkeit verantwortlich sind und Ausscheidungsvorgänge regulieren (Vata) sitzen im Dickdarm. Pitta liegt in der Bauchspeicheldrüse, Leber und Galle. Pitta unterstützt Stoffwechsel und Verdauung. Körperkraft und Stabilität schließlich steuert Kapha, das ungefähr im Brustkorb sitzt. Durch Ausleiten schädlicher Körpersäfte kommen die Doshas wieder ins Gleichgewicht.

Die abendländische Klostermedizin

Die Klostermedizin in unseren Breiten geht davon aus, dass Gott heilt. Das befreit natürlich nicht von eigener Mithilfe. Das Konzil von Clermont (1130) verbot den Mönchen jede ärztliche Tätigkeit. Nicht verbieten wollte und konnte man aber die mönchischen Ratschläge zum lebenswerten und somit gesunden Leben. Nicht verbieten, sondern unterstreichen wollte und will man die Pflege.

Die Benediktinerin Hildegard von Bingen unterstützt den Prozess durch geeignete Lebensmittel. Die Ursachen für Krankheiten ergeben sich für Hildegard aus der Übertretung göttlicher Gebote. Die Heilmittel unterstützen nur die notwendige Mitwirkung der gesamten Person. Beten und Handauflegungen sind die magischen Prozesse oder vielleicht auch nur Zeremonien zur Aktivierung der Heilkräfte im an sich gesund gestalteten Körper.

Zahlreiche Kräuter bringen zusätzlich die Körpersäfte wieder in eine Ausgewogenheit. Kein Wunder, dass den Säften wieder die bekannten Element zugeordnet werden, im christlichen Sinne sind es aber statt fünf nur diese vier: Luft, Feuer, Erde und Wasser. Wieder haben wir es also mit Ausgleich von in Unordnung geratenen Elementen oder Säften zu tun.

Krankheit entspringt der Stimmung

Fragen Sie sich nach Ihrer Stimmung. Fragen Sie nach Ihrer prinzipiellen Gefühlslage. Wir werden sehen, dass die Suche nach der Ursache schon die halbe Strecke auf dem Weg zur Gesundwerdung ausmacht. Gute Hilfe bekommt man aus der traditionellen chinesischen Medizin. Lassen wir die klimatischen Einflüsse in unserer Betrachtung zunächst weg und untersuchen wir unsere Stimmungslage.

Ängste

Der vollkommene Atheist
steht auf der vorletzten Stufe vor dem
vollkommensten Glauben
- ob er ihn nun erreicht oder nicht -,
der Gleichgültige aber hat
gar keinen Glauben mehr,
nur eine erbärmliche Angst.

Fjodor M. Dostojewski: Die Dämonen

Angst entsteht in der Regel aus dem Gefühl bedroht zu werden. Das hat die Natur so eingerichtet. Angst ist ein Überlebensfaktor. Die Gazelle wäre dumm, sich dem Löwen entgegen zu stellen. Ihre Angst bewirkt eine, meist lebensrettende, Fluchtreaktion. Ängstlich sein ist also kein Fehlzustand in uns. Die Ängste unserer Zivilisation sind jedoch noch vielfältiger geworden. Wir haben Angst zu versagen, sich vor den anderen zu blamieren, nicht mehr Teil der beweglichen, ach so schnellen Gesellschaft zu sein. Wir haben Angst zu verarmen in einer Wirtschaftskrise, danach auch gleich noch die Anerkennung von Freunden zu verlieren. Unsere tägliche Angst im Berufsleben, falsche Entscheidungen zu treffen, die einem selbst oder anderen schaden, spüren wir in unseren Eingeweiden, in unserem Kopf.

Prüfen Sie, wo Sie die Angst fühlen. Können Sie vielleicht nicht mehr schlafen? Haben Sie ein ständig beklemmendes Gefühl, irgendetwas könnte passieren, irgendetwas nicht Vorhersehbares? Sehen Sie den baldigen Untergang? Begleitet Sie das Gefühl, Sie könnten wieder einmal einen Fehler machen? Geht es Ihnen ähnlich wie denen, die Sorge haben, die Welt würde dem Ende zumarschieren, sehen Sie schon eklatante Zeichen dafür? Haben Sie Angst, etwas zu verlieren, Ihren Partner, Ihr mühsam angesammeltes Geld?

Machen Sie sich nichts vor, gestehen Sie die Ängste vor sich, wenn sie nur da sind. Niemand wird sie erfahren, doch sie haben einen Anhaltspunkt, wo sie ansetzen müssen bei Ihren Bemühungen um die Selbstheilungsfähigkeiten.

Zorn

Wer sich mit Liebe wappnet, überwindet Zorn,
Elend, Übermacht und Missgeschick.

Michelangelo

Zorn oder Wut ist, wie die Angst, kein abnormales oder in sich krankhaftes Gefühl. Die Kraft zur lebenserhaltenden Selbstverteidigung entspringt aus der Wut. Wir untersuchen hier die krank machenden Aspekte: der Zorn, der zum Überkochen führt. Ärgern Sie sich, weil Sie etwas schon viel zu lang ertragen haben, ohne jemals dagegen eingeschritten zu sein, obwohl es möglich gewesen wäre? Reizt Sie Ihr Kollege „bis aufs Messer?“ Steigt Ihnen die Zornesröte auf, wenn Sie an eine bestimmte Situation denken, wird es Ihnen dabei unerträglich heiß?

Lassen Sie in jedem Fall die Erkenntnis zu, wenn Sie einem der geschilderten Gefühle nahe kommen. Selbstverständlich gibt es auch dafür Methoden, diesen Zorn auf sein gesundes Maß zu reduzieren. In diesem Buch finden Sie ein paar Anleitungen dazu.

Traurigkeit

Hass und Traurigkeit haben ihre Ursache in einer Liebe,
einem Verlangen,
einer Lust.

Thomas von Aquin

Trauer ist nicht alleine eine menschliche Fähigkeit. Hirnstrukturen, in denen Gefühle verarbeitet werden, im sogenannten limbischen System, kennen wir bei allen Wirbeltieren. Trauer führt zu einem Anstieg der Stresshormone. Das ist messbar und kann auch bei Tieren festgestellt werden. Im Familienverbund lebende Tiere trauern auch bei Verlust eines Familienmitglieds. Bei Katzen und Hunden kann man Trauer beobachten. Gute beschriebene Trauerarbeit leisten in freier Wildbahn lebende Elefanten, vom Menschen insbesondere dann zu erkennen, wenn das Leittier der Herde stirbt.

Verwechseln wir in diesem Zusammenhang nicht Trauer mit Mitleid. Trauer ist etwas, das sich auf uns bezieht, Mitleid entsteht, wenn wir uns in eine andere Situation hineinversetzen. Wir wollen mit unserer Trauer arbeiten, wollen sie klein halten. Trauer zeigt sich in einem Gefühl der Niedergeschlagenheit, der Antriebslosigkeit. Melancholie ist ein schönes Wort für

Traurigkeit, das wir heute gerne durch das Wort Depression ersetzen.

Erkennen Sie etwas davon bei sich? Freuen Sie sich schon einmal auf die nächsten Kapitel, Sie führen Sie vermutlich auf einen guten Weg.

Grüblerei

Er war ein solcher aufmerksamer Grübler, ein Sandkorn sah er immer eher als ein Haus.

Georg Christoph Lichtenberg

Das Detail verstellt dem Grübler den Blick für das Ganze. Bemerken Sie das selbst oder sagt man das über Sie? Erwischen Sie sich beim häufigen Nachdenken, ohne eine Lösung zu finden, oder gar erst zu sehen? Machen Sie sich Vorwürfe etwas nicht getan zu haben, etwas nicht zu können? Das Grübeln verhindert, eine Entscheidung zu treffen?

Machen Sie sich nicht noch unglücklicher, wenn Sie jetzt darüber grübeln, warum das so ist. Der Weg aus dem Grübeln ist nicht die Rückschau, sondern das mutige nach vorne Sehen.

Übermäßige Freude

Von einem gewissen Alter ab
tut auch die Freude weh.

Charlie Chaplin

Freude als Glücksgefühl soll eine Krankheitsursache sein, werden Sie fragen. Wir meinen hier das Übermaß an Freude als negative Emotion. Die Begierde, nur Freude empfinden zu wollen ist meist verbunden, nach ständig neuen, äußeren Reizen suchen zu müssen. Das strengt an, das kann krank machen. Die Aufgeregtheit führt zu Schlaflosigkeit, Sie belasten Ihr Herz. Kennen Sie vielleicht Ihr „Herzstolpern?“ Sprechen Ihre Freunde vielleicht über Ihre Vergnügungssucht?

Die Freude wird Ihnen auf keinen Fall ausgetrieben, aber sie werden in die Lage versetzt, zu gesunder Zufriedenheit zurückzukehren. Das macht auch Spaß.

Krank fühlen und krank sein, ein Wechselspiel

Wir müssen nicht unterscheiden, ob wir uns krank *fühlen*, oder ob wir krank *sind*. Es ist nie falsch und auch nicht peinlich, sofort zum Arzt zu gehen, wenn Sie sich krank fühlen. Der Arzt untersucht Sie gründlich mit seinen Methoden, die allgemein anerkannt und lange geübt sind. Verwehren Sie sich dieser Prozedur in keinem Fall. Rückenschmerzen sind nicht immer psychosomatischer Natur, sie könnten auch aus einem Bandscheibenvorfall stammen. So etwas muss behandelt werden. Migräne stammt nicht immer „von Pilzen im Darm, Quecksilber aus der Zahnfüllung, oder von der Handystrahlung.“ (Das Migränebeispiel ist allerdings ein ganz besonders weitschichtiges. Medizinische Behandlungsmethoden gibt es kaum, von den Möglichkeiten der Schmerzlinderung einmal abgesehen. Bei Migränepatienten führt meist eine Änderung ihres Lebensstils nachhaltig zur Besserung.)

Nach dem Arztbesuch und/oder begleitend dazu sollten Sie aber unbedingt sich selbst untersuchen, im Sinne unserer Generalfrage „warum könnte ich mich krank fühlen?“ Schmerzen, die Sie fühlen, sind auch immer da. Lassen Sie sich nicht einreden, Ihre Schmerzen wären pure Einbildung. Wenn die Milz sticht, tut das genauso weh, wie wenn ich mir eine stechende

Milz einbilde. In beiden Fällen kann ich aber etwas unternehmen.

Lernen Sie das Wechselspiel der Prozesse kennen. Beobachten Sie sich. „Immer wenn ich Bauchweh habe, bin ich zornig, oder, immer wenn ich zornig bin, habe ich Bauchkrämpfe." „Vom Sitzen auf meinem Bürostuhl versteift sich mein Nacken und ich bekomme Kopfweh." Diese Wechselwirkungen können sich sogar noch verstärken. Ihre Rückenschmerzen machen Ihnen Angst und Sie geraten unter Stress. In Stresssituationen bekommen Sie Kopfweh. All dies lässt sich mit Ruhe in der Beobachtung Stück für Stück aufschlüsseln.

Eine gute Methode der Beobachtung ist ein Schmerztagebuch. Vorgedruckte Schmerztagebücher bieten Pharmafirmen kostenlos an. Damit können Sie zumindest anfangen. Beschreiben Sie Ihren Schmerz auf einer Skala von 0 bis 9, vermerken Sie dazu, was dem Schmerz vorausging. Wo befindet sich der Schmerz genau? Wie lange dauert er? Welche Wettersituation (auch Mondstand) herrscht?

In sich hinein forschen – Visualisierungen helfen

Auf der Suche nach den Ursachen für Schmerzen braucht es ein in sich hinein hören, ein hinein forschen. Das sagt sich jedoch leichter, als es ist, wie wir wissen. Wo und wann soll man das tun? Im Büro stören die Kollegen und der Zeitdruck, bestimmte Arbeiten erledigen zu müssen. Zuhause lenken fragende Kinder, läutende Telefone und laufende Fernseher ständig ab. Es bleibt kaum Zeit für einen selbst. Und trotzdem müssen wir uns diese Zeit schaffen, denn es geht schließlich um unsere Gesundheit.

Reservieren Sie sich unbedingt eine Stunde, in kürzerer Zeit werden Sie es nicht schaffen, nicht am Anfang zumindest. Bauen Sie sich eine angenehme Umgebung, erzeugen Sie etwas, das Sie atmosphärisch beeindruckt. Nehmen Sie etwas vom Tageslicht weg, oder wählen Sie eine Abendstunde. Vielleicht gefällt es Ihnen, eine Kerze anzuzünden. Verzichten Sie in der jetzigen Phase auf das Verströmen intensiver Duftnoten. Lassen Sie sich möglichst wenig ablenken. Ziehen Sie Schuhe und Strümpfe aus und setzen sich, beide Beine mit Bodenberührung, auf einen bequemen Stuhl. Sitzen Sie bequem, aber lümmeln Sie nicht.

Sie werden jetzt nachdenken müssen. Das haben Sie schon oft versucht, aber irgendetwas hat Sie immer davon abgehalten, Ihre Gedanken blieben nicht bei Ihnen, folgten Ihnen nicht? Das ist nicht ungewöhnlich. Sie fühlten zu viele Widerstände, scheinbar Wichtiges aus dem Alltag baute sich vor Ihnen auf? Ignorieren Sie das nicht, aber schaffen sie das weg. Wie? Eine mögliche Hilfestellung folgt sofort.

Denken Sie jetzt erst einmal an alle Widerstände, die sich in der nächsten Stunde ergeben könnten, an alle Ablenkungen, die sich vor Ihre Gedanken stellen wollen. Bauen Sie symbolisch diese Störungen vor sich auf, legen Sie einen Haufen an. Legen Sie auf diesen Haufen die Gedanken um das Abendessen, das fehlende Geburtstagsgeschenk, die Reiseplanungen. Der Haufen vor Ihren Füßen wird ein kleiner Berg. Halten Sie nun Ihre Hand über diesen Berg. Stellen Sie sich vor, wie besondere Kräfte in diese Hand hineinfließen, machen Sie diese Hand stark, etwa eine Minute lang. Jetzt drücken Sie mit dieser erstarkten Hand auf den Berg vor Ihnen, drücken Sie ihn einfach zusammen. Das ist kein Hexenwerk, das ist natürlich Symbolik, aber eine sehr hilfreiche, Sie werden sehen.

Nun sollten Sie sich freier fühlen. Ihre Gedanken können Sie nun besser lenken, Sie gehorchen Ihnen und das brauchen Sie auch. Sie sollen heute an Ihre Kindheit denken.

Ein Ausflug in die Kindheit

Egal, wie alt sie sind, Ihre Kindheit hinterließ Spuren. Sie erinnern sich doch gerne an einen Zirkusbesuch mit Oma, an das erste Fahrrad, an ein Lieblingsspielzeug. Lassen Sie alle Gedanken zu, obwohl wir natürlich heute auf der Suche nach Störungen sind. Verdrängen Sie aber nicht die unangenehmen Dinge, schauen Sie genau hin.

Erinnern Sie sich an Ihren letzten Kinobesuch? Machen Sie sich gedanklich auf, heute wieder in dieses Kino zu gehen. Heute ist Tag der Auslese und Sie sind ganz alleine in dem Kino. Ihr Stuhl ist der Kinosessel. Der Film heißt „Die Geschichte einer Kindheit." Die Hauptrolle spielt ein Kind, das Ihnen bekannt vorkommen sollte: es sind Sie selbst. Achten Sie darauf, wer noch in diesem Film mitspielt. Welche Rolle besetzen diese Personen? Sind die anderen nett zu Ihnen, sind sie böse? Lassen Sie sich hineinziehen in die sich ergebende Handlung.

Oft vermischen sich Themen, die man Ihnen erzählte, mit Themen, die Sie erlebten. Konzentrieren Sie sich eher auf den Handlungsstrang des Erlebten, wenn Sie es überhaupt unterscheiden können. Ein Beispiel: Menschen, die bei Kriegsende vielleicht acht oder zehn Jahre alt waren, kennen den Krieg eher von

Wochenschaubildern, als aus eigener Erfahrung. Sie vermischen beim Erinnern die erlebten Bilder erster Ordnung mit den lebhaften Bildern aus der Berichterstattung. Sie kommen näher und intensiver an Ihre Wurzeln – und somit an die Ursachen möglicher Störungen, wenn Sie Ihre Bilder erster Ordnung in Ihren Kindheitsfilm einbauen.

Genießen Sie es, sich in dieser Kinderzeit aufzuhalten, wenn sich die schönen Erinnerungen häufen. Haben Sie keine Angst, wenn schlimme Bilder in Ihren Erinnerungen auftauchen. Schließlich sind wir auf der Suche nach dem Schmerz und vielleicht ergibt sich schon hier eine Ursache. Merken Sie sich die Situation, führen Sie sich eine bedenkliche Situation durchaus vor Augen. Diese Situation gehört nur Ihnen, Sie werden Sie nicht aufschreiben und Sie werden sie niemandem erzählen, wenn Sie nicht wollen. Sie erwarten ja nicht Hilfe von außen, sondern Sie sollen nur Ihre Selbstheilungsfähigkeit aktivieren. Die Ursachenforschung ist nun einmal ein sehr, sehr wichtiges Werkzeug dazu.

Sie kommen nicht weiter mit Ihrem Kinderfilm? Nichts spielt sich so ab, wie Sie es sich vorstellen? Das kann mehrere Ursachen haben. Die angenehmste vielleicht: wo keine Blockaden sind, kann man auch keine sichtbar machen. Das Thema Kindheit ist für Sie bei der

Ursachenforschung in diesem Fall irrelevant. Es kann aber auch sein, dass Sie noch nicht genug Mut hatten, Ihren Film anzusehen. Lassen sie es gut sein für diesen Tag. Kasteien Sie sich nicht. Vielleicht probieren Sie es morgen oder übermorgen noch einmal. In jedem Fall ist die Zeit für die innere Nabelschau heute vorüber. Allzu viel ist ungesund, immer!

Mein Partner hinter der Maske

Jede Philosophie verbirgt auch
eine Philosophie;
jede Meinung ist auch ein Versteck,
jedes Wort auch eine Maske.

Friedrich Nietzsche, Jenseits von Gut und Böse

Es gibt wohl kein Thema, das so oft beleuchtet wurde, wie die Partnerschaft. Der Buchversender Amazon bietet zum Stichwort „Partnerschaft“ 6.500 Artikel an. Klar, dieses Buch kann und will kein neues Partnerproblemlösungswerk werden. Wir konzentrieren uns auf eine Technik, die helfen wird, eine Krankheitsursache erkennen zu können, die aus einer Disharmonie in der Partnerschaft resultieren könnte. Auch sie wird nur einen Teilaspekt beleuchten können.

Lassen Sie uns das Erkennungsmodell einfach einmal „Modell Karneval in Venedig“ nennen. Suchen Sie sich das Bild einer Karnevalsgesellschaft. Viele Menschen mit bunten Kostümen und Masken vor den Gesichtern tanzen um Sie herum. Hinter all den Masken stecken Menschen, die Sie kennen. Sie erkennen Sie an den Masken und den Gewändern selbst. Bislang war es nie notwendig hinter diese Masken zu sehen. Warum auch, Sie tanzen, essen und trinken in dieser Gesellschaft, Sie haben Ihren Spaß.

Heute nun suchen Sie sich einen dieser bunten Menschen heraus. Gehen Sie mit Ihren Gedanken auf ihn zu. Bitten Sie ihn, seine Maske abzunehmen.

Halten Sie das Bild, das sich ergibt ganz fest, schauen Sie nach der Demaskierung in die Augen Ihres Partners. Ist es ein anderes Gesicht als das, das Sie kennen? Genauso sympathisch? Leuchten die Augen freundlich oder funkeln sie gar gefährlich? Verbeißen sich die Lippen im Gesicht hinter der Maske oder lächeln Sie Ihnen zu?

Überprüfen Sie, ob der demaskierte Mensch immer noch Ihren Ansprüchen entspricht. Alles ist gut für diesen Tag und diese Aktion, wenn Sie das andere Bild genauso lieben, wie das tägliche Bild. Einen Hinweis auf etwas in Unordnung Geratenes haben Sie aber, wenn Sie störende Elemente entdecken, wenn Sie Gesichtszüge erkennen, die Ihnen nicht sympathisch sind, Gesichtszüge, die Sie sonst von Menschen kennen, die Sie gar nicht so gerne mögen.

Auch für diese Übung gilt: wenn Sie nichts erkennen konnten, Ihre Zeit zu knapp bemessen war, eine Störung aufgetreten ist, hören Sie einfach auf. Fangen Sie heute keine neue Übung mehr an. Lassen Sie das Thema setzen. Vielleicht haben Sie am anderen Tag noch einmal Lust oder das Bedürfnis hinter Masken auf dem großen Ball zu sehen.

Der Kollege hinter der Mauer

Zehn Minuten an einem zugigen Fensterplatz verschaffen Ihnen unter Umständen einen Schnupfen, an dem Sie Tage leiden. Vierzig Stunden jede Woche, fünfundvierzig Wochen im Jahr sollen da keinen Einfluss haben? Ihr Beruf, Ihr berufliches Umfeld prägt und berührt Ihre Gesundheit. An Tagen mit offensichtlichem Ärger überkommt Sie Appetitlosigkeit (oder das ebenfalls ungesunde Gegenteil), Sie spüren Ihren Magen, Ihre Haare fetten. Sie wissen genau, es ist nicht gut gelaufen, wenn das so weitergeht, dann werden Sie noch „richtig krank."

Nicht immer sind die Probleme aber so sichtbar, nicht immer ist ein kleiner Ärger gleich Ursache für ein Krankheitsbild. Im Folgenden wollen wir mit einer neuen Technik etwas „hinter die Mauer sehen."

Die Haltung, die Sie dabei einnehmen, ist die gleiche, wie bereits beschrieben. Sie haben Zeit und Sie sitzen bequem, beide Beine auf dem Boden, wie im richtigen Leben. Sie sollten wirklich alleine sein, Sie trauen sich sonst nicht die Personen wirklich laut anzusprechen, die Sie nun erwarten.

Erzeugen Sie vor Ihrem geistigen Auge eine Mauer. Die Vorstellung dauert vielleicht etwas, aber es sollte Ihnen gelingen. Die Mauer ist hoch, Sie können nicht darüber schauen. Gut, dass Sie eine Türe einbauen, denn Sie müssen im Nachfolgenden sehen, wer hinter dieser Mauer steht oder geht. Öffnen Sie die Türe weit. Dahinter sind die Menschen Ihres beruflichen Alltags. Geben Sie denen und sich Zeit. Anfangs erkennen Sie die einzelnen noch schlecht, die Bilder werden im Verlauf der ersten Minuten besser, schärfer.

Bleiben Sie einfach sitzen und schauen Sie, wer auf Sie zuzugehen scheint. Nehmen Sie ihn in Augenschein. Sprechen Sie ihn an. (Jetzt ist es gut, wenn Sie alleine sind, Ihre Umgebung toleriert scheinbare Selbstgespräche nur selten, nicht wahr?) Die Person, die auf Sie zugeht ist in jedem Fall jemand, der Sie und Ihr Wohlbefinden beeinflusst. Sagen Sie ihm das. Zögern Sie nicht Worte in den Mund zu nehmen, die Ihnen im täglichen Leben vielleicht zu schlicht oder zu derb wären.

Beim Reden wird Ihnen klar, was Sie in letzter Zeit (oder immer schon) an der Person störte. Sparen Sie nicht mit Vorwürfen, jetzt ist keine Zeit für diplomatisch Wohlformuliertes. Je deutlicher und länger Ihr Mitarbeiter, Kollege, oder Chef vor Ihnen steht, umso mehr Zeit können Sie verbringen, Störendes anzusprechen.

Verliert sich das Bild, lassen Sie es sich ruhig auflösen. Schicken Sie Ihre Gedanken vielleicht noch einmal zu dieser Türe in der Wand. Schauen Sie, ob noch jemand auf Sie zukommt. Gehen Sie dann mit dieser Person in der gerade beschriebenen Weise um. Kommt niemand mehr auf Sie zu, verschwimmen die Bilder von Türe und Wand, beschließen Sie die Übung einfach. Für heute müssen Sie nichts mehr dergleichen unternehmen.

Besuch bei den Großeltern

Es ist eine weise Fügung der Weltordnung,
dass wir nicht wissen,
wieweit wir selbst das Leben vergangener
Menschen fortsetzen,
und dass wir nur zuweilen erstaunt merken,
wie wir in unseren Kindern weiterleben.

Gustav Freytag

Von Erbkrankheiten spricht man, wenn ein Gen oder auch mehrere Gene untypisch verändert sind und zu Krankheitsbildern führen. Aufgrund genetischer Festlegungen werden natürlich auch gesunde Eigenschaften vererbt. Der Blick zurück in die Reihen der Vorfahren rentiert sich also, um etwas mehr über sich zu erfahren. Diesen Blick zurück wollen wir heute wagen. Dabei sehen wir natürlich nicht auf die genetische Ausstattung. Die Position aus unserem Stuhl heraus wäre dafür nur schlecht geeignet. Sehr gut geeignet ist unsere bequeme Sitzhaltung aber, um vom einen oder anderen Vorfahren Ihrer Familie etwas zu erfahren.

Nachdem Sie zur Ruhe gekommen sind, Ihr Haufen aus Vorbehalten durch Ihre Hände niedergedrückt wurde, schaffen Sie vor Ihrem geistigen Auge eine Hausfassade. Seien Sie großzügig, bauen Sie ruhig zwei, drei Stockwerke und viele Fenster. Das Haus ist ein Generationenhaus. Hinter den Fenstern leben Ihre Vorfahren, Ihre Eltern, Großeltern, Urgroßeltern. Auf der einen Seite des Hauses sind es die Verwandten Ihrer Mutter, auf der anderen Seite die Vorfahren Ihres Vaters. Nehmen Sie sich Zeit für dieses Bild.

Beobachten Sie nun die Fenster. Welches Fenster geht auf, wer sieht heraus? Vielleicht winkt Ihnen jemand zu. Das ist Ihr Gesprächspartner für Ihre heutige Stunde der Reise zu den Vorfahren. Erinnern Sie sich an die eine oder andere Geschichte, die Ihnen schon einmal von oder über diese Person am Fenster erzählt wurde? Hören Sie ruhig noch einmal zu, stellen Sie Fragen. Heute können Ihnen Zusammenhänge auffallen, die Ihnen noch nie bewusst waren.

In einem Generationenhaus wird schon einmal gezankt. Passiert das auch in Ihrem Bild von Fenster zu Fenster? Wer streitet mit wem? Hören Sie zu! Ertragen Sie das Gezanke nicht gut, bitten Sie einen Engel des Friedens dazu.

Verblassen die Vorstellungen, verliert sich das Bild des Hauses, hören Sie mit der Übung einfach auf. Es kann natürlich sein, dass die Geschichten noch in Ihnen stecken und Sie abends noch darüber grübeln. Genießen Sie Ihren Ausflug „nach Hause."

Wenn es wirklich weh tut

Die beschriebenen Modelle sind nur Hinweise zur Visualisierung. Die Bildvorschläge sind nicht verpflichtend. Jeder Mensch schafft seine eigenen Bilder. Es ist aber sehr günstig, sich an Bilder zu gewöhnen, sie erscheinen dann bei Wiederholungen schneller und deutlicher. Plötzlich sind sie in der Lage, im Zug, im Wartezimmer, schnell ein Bild aufzurufen, ohne weitere Vorbereitung. Eine unterhaltsame Möglichkeit Zeit zu nützen, letztlich natürlich, um ein Wohlbefinden zu erreichen.

Ist die Handlung in Ihren Bildern zu lapidar, sind Sie unzufrieden mit den Ergebnissen, könnte ein kleiner Trick die Wahrnehmung schärfen. Sie sind bei der Ursachenforschung eines fühlbaren Schmerzes. Verstärken Sie dieses Schmerzgefühl kurzfristig. Keine Sorge, es verschlimmert sich nichts. Die Verstärkung spielt sich nur im Kopf ab. Dazu hilft Ihnen vielleicht folgendes Bild.

Sie stehen vor Ihrem Küchenherd mit Kochplatten. Eine Hand liegt auf einer Kochplatte, Ihr Schmerz stammt im Augenblick von der Hitze der Platte. Schauen Sie auf das Einstellrädchen der Platte: steht es vielleicht bei zwei oder drei? Nun verstärken Sie Ihren Schmerz, indem Sie das Rädchen höher drehen. Achtung, das ist ein Gedanken-Experiment, auf keinen Fall eine physikalische Anleitung, die im Ergebnis nur zur Handverbrennung geeignet wäre.

Unter der Pein des intensiver empfundenen Schmerzes, könnten die Bilder schneller und klarer kommen. Jeder Zweite tut sich anfänglich sehr schwer, aus Mangel an Übung, Visualisierungen zu erreichen. Im Traum entstehen Bilder ganz automatisch, jedoch sind sie im Wachzustand nur noch selten erinnerlich. Um Ableitungen aus Ihrer Ursachenforschung zu bilden, ist eine thematische Sortierung der Gedanken und der Rückschauen sehr sinnvoll. Das gelingt in Schlafträumen nur sehr geringfügig.

Schöne Zeremonien: reinigen statt waschen

Auf dem Weg zur Aktivierung unserer Selbstheilungskräfte sind wir schon erhebliche Schritte voran gekommen. Gerade die Aktivitäten aus dem letzten Kapitel, in dem es ein paar Anleitungen zur Suche nach den Ursachen von Krankheit und dem Schmerz in Folge gab, ist schon in gewisser Hinsicht eine Art Grundreinigung.

Ergänzend, aber auch vollkommen unabhängig von den Erkenntnissen, die Sie gegebenenfalls aus Ihrer Ursachenforschung ableiten, dienen die nachfolgend beschriebenen Aktivitäten der Grundreinigung und somit der Aktivierung des Selbstheilungssystems in Ihnen. Der zeremonielle Charakter hilft gegen das Vergessen einzelner Handlungsschritte und bringt Sie gleichzeitig in einen gesunden, weil glücklichen Zustand.

Am Anfang des Rituals *bitten Sie* laut um eine gute Reinigung und natürlich *bedanken Sie sich* am Ende wiederum laut für die erfolgte Reinigung. Diese beiden Worte, die Ihnen ja das Alltagsleben leichter machen, sind auch Ausdruck dafür, dass nichts wirklich selbstverständlich ist. Etwas zu erbitten ist nicht vordergründig eine Demutsgebärde, eher eine Respektbezeugung vor dem Gegenüber, vor den

Menschen, vor der Schöpfung, wenn Sie so wollen. Ein „Danke“ soll auch nicht nur routiniertes Wortfüllsel sein, sondern vielmehr zeigen, wie sehr man eine Gabe schätzte, die nicht ohne weiteres verfügbar war.

Wie man Energiezentren duscht

Für das Grundreinigungszeremoniell sollen Sie sich einfach des Zentrum-Modells bedienen, wie es am Anfang des Buches etwas beschrieben wurde. Erinnern Sie sich daran, dass sieben Röhren durch Ihren Körper laufen, die möglichst frei von Hindernissen sein sollen, damit der Energiefluss nicht unterbrochen werden kann? Diese Röhren wollen wir nun unter der Dusche reinigen. Sie werden das Wasser nicht durch Ihren Körper schießen können, aber Sie können durch unterschiedlich gestellte Wasserstrahlen Energie lenken, die auf Blockaden wirken und sie idealerweise dadurch hinaustreiben.

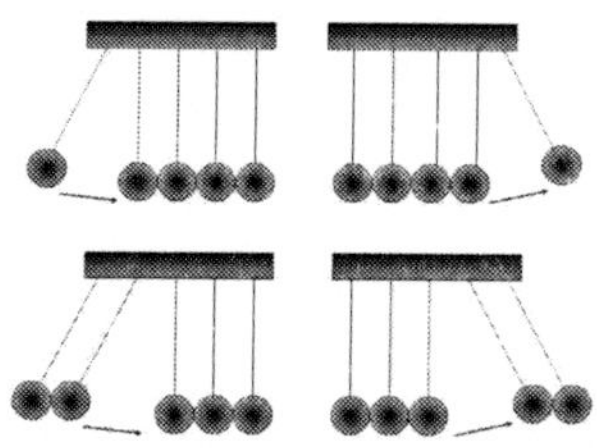

Erinnern Sie sich an den Physikunterricht. Mit an Fäden aufgehängten Kugeln, sogenannten Fadenpendeln (Newton-Pendel), lenken Sie eine oder mehrere Randkugeln aus. Diese prallen dann auf die ruhenden Kugeln. Am anderen Ende der Aufhängung schlagen die gleiche Anzahl von Kugeln wieder aus. Die kinetische Energie der ausgelenkten Kugeln überträgt sich, unsichtbar durch die ruhenden

Kugeln, und bringt die Randkugeln der anderen Seite zum Ausschlag.

Ganz ähnlich verfahren Sie nun bei unserer Röhrendusche. Mit der Kraft des Wasserstrahls aus dem Duschkopf aktivieren Sie die Energie-Eingänge an Ihrem Körper. Die Energie, die auf der Haut auftrifft pflanzt sich im Inneren fort und soll die Verunreinigungen und Blockaden zum Röhrenausgang führen.

Freuen Sie sich daran, dass Sie die Farbe des Wassers vom Regenbogen kennen. Stellen Sie sich also ruhig den vielfarbigen Strahl vor.

Die ersten drei Stellen (Lage der Zentren 1 bis 3) sind die vielleicht wichtigsten, da sich hier die größten Blockaden aufzubauen pflegen. Setzen Sie den Duschkopf etwa fünfzehn Zentimeter über der Haut an und bestrahlen Sie jede Stelle circa zwei Minuten mit angenehm lauwarmem Wasser. Dabei dürfen Sie selbstverständlich den Winkel zum Körper immer wieder etwas verändern, es soll ja auch komfortabel sein. Stellen Sie sich vor, Sie spülen eine etwa unterarmdicke Röhre aus.

Die Bestrahlung erfolgt von vorne nach hinten, ausgenommen beim Zentrum 6, das von hinten nach vorne verläuft. Hier setzen Sie den Duschstrahl am Hinterkopf an und richten ihn in etwa so, als sollte das Wasser vorne aus der Stirne dringen.

Zuletzt richten Sie auf der Höhe des Zentrums 7, also direkt über Ihrem Scheitel den Wasserstrahl, der Sie kaum noch benetzt. In den oberen Bereichen können Sie sich mit rund einer Minute Bestrahlung jeweils begnügen. Etwa zehn Minuten nimmt der ganze Prozess in Anspruch.

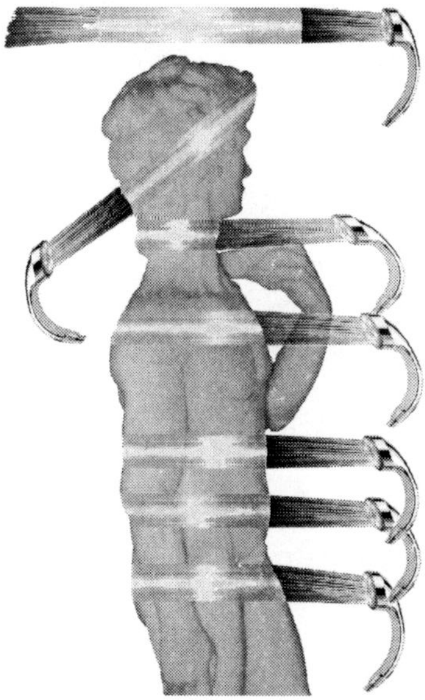

Denken Sie sich nun einen Energiefluss aus Ihrer Körpermitte, etwas über dem Nabel gelegen (Zentrum 3), der hinaufströmt bis zur Schulter und an den herunterhängenden Armen ausläuft. Folgen Sie mit dem Duschkopf diesem Strom, zuerst bei der rechten Körperhälfte, etwa drei- bis fünfmal, dann bei der linken Körperhälfte, ebenso oft.

Anschließend spülen Sie noch das rechte Bein von oben nach unten ab, dann das linke Bein. Schwingen Sie die Wasserstrahlen bei den Füßen aus.

Gedanklich sind die schlechten Energien von vorne nach hinten ausgeschwemmt. Sie müssen also konsequenterweise noch hinter sich den Raum mit frischem Duschwasser abspülen, damit alle schlechten Energien in den Ausguss strömen und auf den Weg zur Erneuerung sich Richtung Ozean aufmachen können. Auf keinen Fall soll etwas davon in Ihrer Dusche, in Ihrem Haus verweilen.

Vor und nach dieser Prozedur sollten Sie einigermaßen viel Quellwasser trinken. Vor der Dusche mindestens ein Glas, danach so viel Sie können.

Salzbaden im Meer zuhause

Salzbäder regen insbesondere den Stoffwechsel an und entschlacken. Zur Verwendung sollte aber nicht unbedingt das reine Kochsalz kommen, besser wäre Kristallsalz, das nicht künstlich von seinen Begleitstoffen befreit ist. Natürlich hat auch das Kristallsalz, egal aus welcher Region es kommt, allenfalls acht bis zehn weitere Bestandteile und keinesfalls besteht es aus „vierundachtzig Elementen", mit denen unser Körper ohnehin nichts anzufangen wüsste. Günstigerweise ist etwas Brom, Kalium, Kalzium, Natrium und Magnesium enthalten. Zusätzlich kann eine Reihe von Spurenelementen (Chrom, Eisen, Zink, Selen, Jod) teilweise über die Haut einwandern. Einen Beitrag zur Bedarfsdeckung leisten diese geringen Mengen natürlich nicht. Unnötig zu erwähnen ist sicher, dass ein Bad keine ausgewogene Ernährung ersetzen kann.

Die Verwendung von Meersalz aus dem Toten Meer, das gut verfügbar ist und überall gekauft werden kann, bietet sich an, ebenso wie das Kristallsalz der heimischen Alpen. Verzichten Sie auf teures „Himalaya-Salz", das ohnehin nichts mit dem Himalaya zu tun hat.

Sie brauchen mindestens ein Kilo Kristallsalz für hundert Liter Badewasser, dann hat das Wasser in etwa die Salzkonzentration der Körperflüssigkeit (0,97 %). Um den osmotischen Austausch beginnen zu können, brauchen Sie allerdings eine höhere Konzentration, maximal aber sechs Kilo pro einhundert Liter Wasser. Geben Sie zunächst das Salz in die Badewanne und nur soviel Wasser dazu, wie es einer Fußtiefe (Knöchelhöhe) entspricht. Lassen Sie den Kristallen etwa eine Stunde Zeit, sich aufzulösen. Rühren Sie dann kräftig um und füllen die Badewanne mit schönem, warmem Wasser.

Bei Mondwechsel ist die Wirkung etwas stärker: bei Vollmond und zunehmendem Mond nimmt der Körper am Besten auf, bei Neumond und abnehmendem Mond entschlackt er sehr gut.

Achtung: Salzbäder strengen an. Sollten Sie ohnehin niedrigen Blutdruck haben, könnten Sie Kreislaufprobleme bekommen.

Die Wassertemperatur sollte zwischen 34 Grad und maximal 37 Grad liegen. Danach ist es unbedingt notwendig, sich noch einmal mit klarem Wasser abzuspülen und die Haut einzucremen, oder einzuölen. Das verbrauchte Wasser in jedem Fall ablassen, niemand sollte sich mehr darin baden. Spülen Sie auch die Wanne danach gut aus, vom verbrauchten Salzwasser soll nichts mehr in Ihrem Hause bleiben. Bei Ihrem Salzbad gehen Sie ja davon aus, dass Sie „negative Energien“ an das Salz binden, also gehört das so Verunreinigte gleich nach dem Bad entsorgt, sowohl von der Haut, als auch aus dem Haus.

Wickeln Sie sich nach dem Bade, das maximal zwanzig Minuten dauern darf, in ein großes Handtuch und entspannen Sie liegend, wenn es irgendwie geht. Ein Salzbad macht müde, die Abendstunden sind für eine derartige Prozedur also am Besten geeignet.

Alles fließt, auch in Ihrer Wohnung

Gelegentlich erwähnt wurde schon der gesunde Geist, der in einem gesunden Körper wohnen möchte. Ein gesunder Körper braucht seinerseits auch eine gesunde Wohnung. In den Neunziger Jahren gab es eine regelrechte Feng Shui Bewegung (chinesisch: Wind und Wasser). *„Wohnen im Einklang mit den fünf Elementen"* (Feuer, Metall, Erde, Holz und Wasser) erhob eine uralte taoistische Philosophie zum Trend. Ursprünglich galten diese Regeln zum Einrichten von Grabstätten, erweiterten sich auf die Gartengestaltung und fanden Zugang in die häusliche Umgebung. Die unsichtbare Lebensenergie Qi (oder Chi) muss fließen können.

Im Sinne der Aktivierung der Selbstheilungskräfte ist es nicht so wichtig, den vielen modernen Ausprägungen des Feng Shui hier Raum zu geben. Bei der Gestaltung einer gesunden Wohnung geben aber die Feng Shui Vorstellungen sehr gute Hinweise. Denken Sie einfach immer daran, was Sie tun müssen, um ein Chi fließen lassen zu können, ohne dass es aus Ihrem Haus heraus fließt, dann machen Sie schon fast alles richtig.

Ist eine voll gestellte Wohnung mit zahlreichen Ecken und Vorsprüngen wirklich praktisch? Ist der offene Klodeckel im Bad wirklich schön? Ärgerte Sie schon einmal das Gerümpel unter Ihrem Bett?

Bemerken Sie, wie Sie diese Dinge plötzlich störend empfinden? Kein Wunder, in einer Wohnung voller Möbel und voll Staub fangendem Nippes kann das Chi nicht fließen, genauso wenig, wie Sie sich darin gut bewegen können. Der offene Klodeckel lädt das Chi ein, das Haus schnell zu verlassen. Kostbare Energie spülen Sie also mit den Fäkalien gemeinsam weg. Der Energiefluss Ihres nächtlich ruhenden Körpers braucht auch Raum unter Ihnen, unter Ihrem Bett. Wie soll es einen ungestörten Bewegungsfluss geben, wenn allerhand störende Gegenstände unter dem Bett liegen? Schlafstörungen könnten sich schon bald auflösen, wenn Sie einmal unter Ihrer Liegestatt Platz schaffen.

Räumen Sie Ihre Wohnung auf, auch Keller und Dachgeschoß, soweit es zu Ihnen gehört, befreien Sie Ihre Räume von dem Ballast, den Sie gar nicht brauchen, oder der aus einer anderen Lebensperiode stammt. Die Einrichtungs- und Dekorationsstücke des Expartners passen sicher nicht in Ihr gegenwärtiges Leben, das sich neu ausrichtet und ausrichten soll. Verschenken Sie die Dinge, die Sie nicht mehr brauchen! Streichen Sie die Wände neu!

Für tote Tiere sollte in Ihrer Wohnung kein Platz sein. Tierische Felle auf dem Boden oder

Rehgeweihe an der Wand haben irgendwie noch etwas von dem Geist des Tieres. Das kann aber kein guter Geist sein, schließlich kam das Tier nicht unbedingt durch einen natürlichen Tod um. Es wurde in fast allen Fällen gejagt und unter Stress ins Jenseits befördert. Das ist kein angenehmer Zustand, der sich da über Ihre Wohnung verbreitet, wie Sie sich vielleicht vorstellen können. Entfernen Sie einmal diese Gegenstände und überprüfen Sie, ob es Ihnen danach nicht besser geht.

Auch verwelkte Blumen gehören zu den toten Dingen, die nichts Positives zur Atmosphäre beitragen. Entfernen Sie rechtzeitig den welk gewordenen Strauß. Wenn Sie gerne Blumenschmuck in Ihren vier Wänden sehen aber nicht immer in frische Blumen investieren wollen, sollten Sie lieber diese raffiniert gemachten Seidenblumen einsetzen. Natürlich ist das Geschmackssache. Im Zweifel dekorieren Sie lieber etwas zu wenig, als zu viel. Das Fließen des Qi soll ja schließlich nicht aufgehalten werden.

Reinheit gibt es in hygienischer aber auch ritueller Form. Rein sein ist letztlich auch ein Gefühlserlebnis. Das gute Gefühl nach der Dusche wirklich sauber zu sein, ist durchaus vergleichbar mit dem Gefühl im Anschluss einer rituellen Reinigungszeremonie. Die Menschheitsgeschichte kennt für alle Jahrhunderte, Regionen und Religionen zahlreiche Reinigungsrituale, die in sich aber immer ähnlich sind.

Unterziehen Sie Ihre Wohnung einem derartigen Ritual, nicht nur bei einem Ein- oder Auszug, auch jährlich, oder nach besonderen Ereignissen, von denen es sich zu lösen lohnt.

Das Segnen der Bewohner gehört auch zu den Reinigungsritualen, die vor allem in christlichen Familien geübt werden. Segnen heißt dort, eine Verbindung mit Gott schaffen. Das lateinische Wort für segnen heißt *benedicere*, wörtlich übersetzt: etwas Gutes zusagen. Nun ist Segnen nicht an eine klerikale Funktion gebunden. Jedermann darf Segen spenden, wenn dem nur eine gedankliche Ernsthaftigkeit beiwohnt. Die Segnungshandlung selbst ist mit unterschiedlichen, frei zu gestaltenden Gebärden verbunden, oft wird sie auch mit Versprühen von (Weih-)Wasser begleitet oder mit (Weih-)Rauchzeremonien verbunden.

Der Segen selbst betrifft immer die Personen, nicht die Gegenstände. Man segnet nicht den Stuhl, sondern den, der darauf sitzt. Nicht das Essen wird gesegnet, sondern die, die das Mahl einnehmen.

Rauch

Räuchern hat seinen Ursprung, schlechten Geruch zu beseitigen. Schlechter Geruch ist auch Synonym für „schlechte Energien". Das Ausräuchern insbesondere der Ecken ist also eine sehr symbolträchtige und effektive Maßnahme, um eine bessere Atmosphäre zu schaffen. Das Hinausschicken schlechter Gerüche, schlechter Energien, bewirkt ein angenehmes und durchaus nachhaltiges Gefühl.

Traditionell würde man für das Räuchern Weihrauch nehmen. Wer diesen Geruch aber nicht gut verträgt, kann auch auf andere Harze zurückgreifen. Gut geeignet ist auch Weißer Salbei (Salvia apiana), ein altes Mittel der nordamerikanischen Indianer, das auch bei uns verkauft wird. Das Büschel bringt man einfach zum Glimmen, der Rauch entwickelt sich schnell, er wirkt anregend und erfrischend.

Wasser

Das Reinigungsmittel schlechthin eignet sich selbstverständlich auch zur Wohnungsreinigung. Natürlich brauchen wir dafür nicht Weihwasser. Wasser gilt in praktisch allen Religionen als Symbol für Reinheit und Wachstum. Verwenden Sie das Wasser einfach zur Fensterreinigung. Neben dem ungeheuer praktischen Nutzen stehen saubere Fenster auch für Weltoffenheit und Freiheit des Denkens.

Natürlich dürfen Sie dem Wasser alle möglichen (umweltschonenden) Reinigungsmittel zusetzen. Die Wohnung soll ja bei dieser Gelegenheit wirklich sauber werden.

Salz

Einzugs- und Auszugsrituale werden oft mit Salz gestaltet. Salz wird dabei als Anziehungsstoff für negative Energien gesehen. Streuen Sie Salz in die Ecken der Räume und lassen Sie es übernacht „einwirken". Am anderen Tag kehren Sie das Salz zur Raummitte und nehmen es von dort auf.

Alternativ kann für die Salzaufnahme natürlich auch der Staubsauger verwendet werden. In beiden Fällen sollten Sie das Ritual damit abschließen, das Salz dann wirklich aus dem Haus zu schaffen. Also gehört auch der Beutel des Staubsaugers unmittelbar danach entsorgt, außerhalb Ihres Hauses, Ihrer Wohnung.

Steine

Steine sollen vor allem Schwingungen unterstützen, Resonanzen erzeugen, gegenüber Organen, die selbst mit einer spezifischen Schwingung arbeiten. Die Zuordnung der Steine zu den Organen stammt hauptsächlich aus der chinesischen Medizin. Da man vor zweitausend Jahren noch nicht in der Lage war Schwingungen zu messen, half man sich meist mit der Farblehre und der Zuordnung zu den Elementen.

So passt der Granat und Rubin (rote Steine) gut zur Stärkung des Zentrum 1, das wiederum Knochenbau und Verdauung beeinflusst. Zur Stärkung von Leber und Milz wiederum passen helle, gelbe Steine (Citrin, Rauchquarz).

Die Kombination von Ritualen und der Einsatz unterschiedlicher Hilfsmitteln ist erlaubt und möglich. Gehen Sie davon aus, die Wirkungen verstärken sich eher, als dass sie sich auslöschen.

Der Apotheker in Ihnen

Machen Sie sich immer wieder klar: Sie sind prinzipiell ein gesunder Mensch. Alles in Ihnen ist so angelegt, dass Sie auch gesund bleiben können. In Ihnen ist eine Apotheke, den Apotheker darin sollten Sie nur immer wieder einmal aufwecken, wenn er Ihren Körper vernachlässigt. Sie besitzen genug positive Energien, die Ihr angenehmes Leben steuern. Achten Sie auf den ungestörten Energiefluss, lassen Sie nicht zu, dass man Ihnen Energien stiehlt, nehmen Sie keine fremden, negativen Energien auf.

Die nachfolgenden Beispiele von „Behandlungskonzepten" sollen Ihnen Hilfestellung geben, wie Sie Ihr Gleichgewicht bewahren oder zurückbekommen. Dazu bedienen wir uns der Hilfsmittel, die in einem früheren Kapitel bereits beschrieben wurden, und wir besinnen uns auf die Ursachen, die wir vorher mit unterschiedlichen Methoden erforschten.

Päckchen tauschen macht Spaß

In diesem Beispiel gehen wir von einem Mutter-Tochter-Konflikt aus. Wir stellen uns vor: die Tochter erkennt ihre Mutter bei einer der Visualisierungstechniken. Sie spricht sie an und wirft ihr mit deutlichen, durchaus laut geäußerten Worten die Umstände vor, die bislang so verborgen das Leben beeinflussten. Der Blick aus der Distanz ist in der Regel schärfer, deutlicher und ungeschminkter.

Die störenden Themen sind, um von ihnen los zu kommen, nun wieder zu visualisieren. Gehen wir davon aus, dass beide, Mutter und Tochter, ein Päckchen tragen. Im Päckchen der Mutter sind in diesem Beispiel (jeder Fall ist natürlich anders): Dominanz bei Entscheidungen des täglichen Lebens, Vorschriften bei der Kindererziehung, Einmischung in das Eheleben.

Die Tochter, seit Geburt an die Mutter gewohnt, versucht auch im Erwachsenenleben der Mutter alles Recht zu machen. Diese Belastung verträgt sich aber nicht mehr mit der eigenen Verantwortung, die auch gelebt und genutzt werden will. Im Päckchen der Tochter sind also eine Portion Mutterliebe, aber auch unausgesprochene Wut und Schuldgefühle.

Diese Päckchen werden nun getauscht. Der Vorgang wird idealerweise verstärkt durch die entsprechende Handbewegung des Gebens und Nehmens und das laute Aussprechen eines Satzes, ähnlich dem folgenden:

„Ab jetzt, ab heute, lebe ich mein Leben und du dein Leben. Ich verzeihe dir alle Handlungen an mir, die mich störten oder zum Weinen brachten und die mich bis heute einschränkten mein Leben als eigenes Leben anzunehmen. Auch ich verzeihe mir selbst, dieses so lange geduldet zu haben." Die Tochter verlässt dieses Bild in diesem Beispiel noch mit dem Gruß: *„Nun geh bitte!"*

Dieses Päckchen tauschen hat eine ungeheuer emotionale Wirkung. Einige bedrückt die Sorge, in ihrem abgegebenen Päckchen wäre zuviel Hass, zu viel Vorwurf, der „Beschenkte" könne damit nicht umgehen, es würde ihm vielleicht sogar schaden und er müsste sich sogar rächen. Diese Sorgen sind verständlich, aber unbegründet.

Die beschriebene Vorgehensweise ist ein gedankliches Bild, das seine Bedeutung und Kraft aus der Vorstellung und der inneren Befreiung nimmt. Zurückgegebene Unsicherheiten, Missbrauchs- oder Manipulationsvorwürfe wirken auf den Annehmer, den eigentlichen Eigentümer, nicht in gleicher Weise schädlich.

Hilfreich könnte sein, das Bild, die Prozedur, noch dadurch zu begleiten, indem man einen Engel bittet, teilzunehmen. Engel sind ja „hauptberuflich“ Boten. Sie passen gut in dieses Szenario und sorgen sich wohl um die geeignete, schmerzfreie Übergabe.

Verzeihen, eine Stärke

Die empfangene Ungerechtigkeit
zu verzeihen, bedeutet
sich selbst die Wunde seines Herzen heilen.

Vinzenz von Paul (1581 – 1660)

Ein wichtiger Aspekt ist das Verzeihen. Verzeihen ist nicht Umarmung, Verzeihung erlaubt Distanz. Verzeihung ist etwas Großartiges. Ein arabisches Sprichwort sagt: *wenn Gott nicht verzeihen würde, bliebe sein Paradies leer.* Verzeihen sanktioniert nicht das Verhalten des anderen, ebenso, wie ein Nichtverzeihen geeignete Strafe ist. Verzeihen heißt in erster Linie loslassen können. Wenn Sie also loslassen können und wollen, nehmen Sie sich selbst etwas von Ihrem Leid. Das Bewahren, in sich Hineinfressen, das Sinnen auf Rache, all das braucht letztlich mehr Energie, als das Loslassen. Vergeuden Sie also nicht Ihre wertvolle Energie. Stellen Sie sich einmal vor, sie würden die Dinge, die Sie bisher nie verzeihen konnten jeweils einzeln auf einen Apfel oder Stein schreiben. Stecken Sie diese beschrifteten Äpfel, bzw. Steine, in einen Sack und tragen Sie ihn ein paar Tage mit sich, wo immer Sie hingehen. Die Last des Sacks wäre Ihnen schnell zu beschwerlich. Schütten Sie die Äpfel aus, verzeihen Sie, befreien Sie sich von der Last.

Genauso wichtig wie anderen verzeihen, ist, sich selbst zu verzeihen. Das braucht ebenso ungeheure Kraft, ohne Frage. Mahatma Gandhi sagte: *„Der Schwache kann nicht verzeihen, Verzeihen ist eine Eigenschaft des Starken."* Sich selbst verzeihen bedeutet, mit sich ins Reine gelangen. Woher kommen Ihre Schlafstörungen, schlimme Träume? Sind Sie vielleicht nicht mit sich im Reinen? Bluthochdruck, Kopf- und Magenschmerzen, stammen aus der Anspannung sich nicht verzeihen zu können.

Wie geht Verzeihen? Denken Sie nach, was Sie selbst zu dem Ereignis, das Sie nicht verzeihen konnten, bisher beigetragen haben. War die Reaktion des anderen damals vielleicht zwangsläufig? Haben sich die Umstände mittlerweile sogar geändert? Würden Sie aus heutiger Sicht noch so reagieren?

Ein sehr gutes Mittel Verzeihung zu üben ist das Aussprechen der Gefühle. Natürlich können Sie das nicht immer von Angesicht zu Angesicht tun. Der Bereitschaft auf der anderen Seite können Sie nicht sicher sein, sie ist vielleicht noch lange nicht so gut vorbereitet wie Sie. In diesen Fällen hilft es wieder zu visualisieren. Wenn Ihnen die Ansprache des Bildes desjenigen, dem Sie verzeihen wollen zu kompliziert ist, weil die Konzentration darauf vielleicht nicht ausreicht, greifen Sie zum einfachsten Mittel, das Sie haben: nehmen Sie einen Kugelschreiber, schreiben Sie einen Brief.

Diesen Brief sollen Sie aber nicht aufs Papier bringen, Sie sollen ihn letztlich auch nicht abschicken, zumindest nicht an die Person, an die sich Ihre Worte richten. Sie bewirken das Gleiche oder sogar noch mehr, wenn Sie eines der vorgestellten Hilfsmittel verwenden. Kaufen Sie etwas (billige) Seide aus dem Stoffmarkt. Legen Sie das Tuch, das so groß sein darf, wie vier Blockblätter, oder größer, auf eine weiche Unterlage (Zeitung, verhindert das Rutschen und gibt dem Kugelschreiber besseren Halt).

Während Sie schreiben streichelt die Seide sanft Ihre Hand, Sie werden es bemerken. Das nimmt etwas vom Zorn und fördert Ihre Konzentration auf die Sache. Schreiben Sie sich buchstäblich alles von der Seele. Suchen Sie nicht lange nach Worten, feilen Sie nicht am Wortlaut, folgen Sie in erster Linie der Intuition des Augenblicks. Schenken Sie dem Knecht Grammatik keine Aufmerksamkeit. Niemand geht mit dem Rotstift über Ihre Aufzeichnung, Sie sind mit sich und Ihren Gefühlen für diesen Augenblick ganz und gar alleine. Genießen Sie das.

Worte in diesem Brief schaden nicht dem, dem sie gelten, im Gegenteil, sie nützen ihm und vor allem nützen sie Ihnen. Ihre Seele wird leichter, die Stimmung erhellt sich von Zeile zu Zeile. Hören Sie erst auf, wenn Sie glauben, das Wesentliche gesagt zu haben.

Nun wollen Sie diesen Brief zwar nicht an den Adressaten direkt schicken, aber Sie sollten ihn dennoch absenden. Schicken Sie ihn in das Universum, verbrennen Sie mit Bedacht das Werk. Sehen Sie den Flammen zu, sehen Sie dem aufsteigenden Rauch nach. (Hinweis: Seide brennt besser, wenn Sie das Tuch mit Papier vermengen.) Suchen Sie für diese Aktion einen schönen Platz, ein Seeufer, einen Berggipfel. Rufen Sie ruhig einen Engel zu Hilfe, einen Boten für Ihre Sache, er kann lenken und auch etwas aufpassen.

Am Ende der Prozedur kann eine Art Gebet stehen, das noch einmal die neue Freiheit bespricht und besiegelt. Es könnte etwa so lauten:

„Ich löse und widerrufe (mit meiner Mutter/Vater, etc.) alle Schwüre, Pakte, Flüche, Besetzungen, Versprechungen und Verpflichtungen. Das Weggeben meiner Kraft und Energie, oder Teile meiner Seele, aus diesem und allen anderen Leben, ist vorüber. So sei es (Amen).“ Eine Verstärkung könnten Sie fühlen, wenn das Amen in dreimaliger Wiederholung erfolgt.

Für Martin Luther ist Beten *„das Reden des Herzens mit Gott"*. Scheuen Sie sich nicht Ihr Herz reden zu lassen. Ihre Rede verhallt nicht, Ihr Herz wird dabei auch noch leichter. Diese Erleichterung ist nicht abhängig von Ihrer religiösen Grundeinstellung oder von Religiosität überhaupt. Lassen Sie einfach und immer wieder Ihr Herz sprechen.

Blockaden fischen

Stunden der Muse und Selbstbetrachtung, mit welchen der beschrieben Methoden auch immer, führen zu Erkenntnissen über innere Blockaden und Einschränkungen. Scheuen Sie sich nicht, diese empfundenen Störungen für sich allein zu benennen. Mit der folgenden Anleitung sollten Sie Stück für Stück krankmachender Empfindung loswerden können.

Schreiben Sie sich auf einen Zettel einige Themen, die Sie belasten, kleinere oder größere, eine Ordnung ist nicht wichtig. Schreiben sie einfach das Wort „Krampfadern", wenn diese Ihr Wohlbefinden stören, oder „Ehrgeiz", wenn Sie unter zu übermäßigem Ehrgeiz leiden. Diesen Zettel legen Sie auf den Boden einer Schale, Obstschale oder eines tiefen Tellers. Teller oder Schale füllen Sie dann mit Kieselsteinen. Es dürfen viele sein, so viele, wie Platz finden.

Das Kieselsteinarrangement stellen Sie an einen Platz in Ihrer Wohnung, wo es Sie einerseits nicht stört, andererseits Sie aber häufig hinsehen können. Diese Steine symbolisieren nun die auf dem Tellergrund formulierte Störung.

Gehen Sie nun jeden Tag zu Ihrem Teller und nehmen Sie ein paar Steine weg und werfen Sie diese in einen Fluss, auf die Straße, einfach aus Ihrem Umfeld. Mit jedem entfernten Stein werden Sie ein Teilchen des Problems los. Es liegt an Ihnen, ob Sie jeweils eine Handvoll nehmen oder nur ein paar Stücke, übertreiben Sie nicht, geben Sie diesem Prozess Zeit: eine Woche, einen Monat, Sie werden es herausfinden.

Die Vorgehensweise ist einfach, aber nicht lächerlich. Lassen Sie sich durch den Versuch überzeugen. Wiederholen Sie die Prozedur, so oft Sie wollen, fischen Sie Stück für Stück Unbehagen aus dem reinen See des Wohlfühlens.

Tafeldienst

Aus Ihrer Schulzeit kennen Sie noch die große Tafel hinter dem Lehrerpult. Die wichtigen Dinge der Schulstunde waren dort aufgeschrieben, meist, um sie bequem abschreiben zu können. Was nicht auf der Tafel stand, war auch nicht wichtig, was weg gelöscht werden konnte, war auch schon weg aus dem Kopf.

Nützen Sie dieses Bild, um von Dingen loszukommen, die Sie belasten. Stellen Sie sich diese Tafel vor, schreiben Sie mit Ihren Gedanken die Belastungen in Schlagworten darauf. Schreiben Sie ruhig hin „Ich hasse meinen Nachbarn", wenn es so ist. Natürlich wissen Sie, dass Hass keine gesunde Regung ist und Sie davon loskommen wollen.

Bitten Sie nun jemanden, vielleicht den Engel in Ihrer Nähe, er möge diese Zeile löschen. Er wird es für Sie erledigen und Sie schauen ihm dabei zu. Mit der Tilgung der Worte auf der Tafel sollte auch das Thema gelöscht sein.

Im täglichen Leben, auf der Straße, im Bus, haben Sie vielleicht keine Möglichkeit sich so zu konzentrieren, dass Sie das Engelbild mit der Tafel zusammenbringen. Das ist zwar Übungssache und könnte irgendwann gelingen. Wenn Sie es noch nicht schaffen, dieses Bild zu erzeugen, dann stellen Sie sich einfach das Wort vor, das Ihr Unbehagen beschreibt und wischen Sie mit einer Geste des rechten Armes vor Ihrem Körper das Wort von links nach rechts einfach weg (Linkshänder machen das analog mit dem linken Arm von rechts nach links). Manchmal geschehen solche Gesten ganz unbewusst, schauen Sie einmal auf die Körpersprache der Menschen in Ihrer Umgebung.

Das Ausprobieren dieser Methode, sowie der anderen beschriebenen Hilfsmittel wird Sie überzeugen, oder Sie werden lernen, damit umzugehen. Finden Sie für sich heraus, was Ihnen am leichtesten fällt. Kombinieren Sie diese Methoden ruhig, wenn Sie das Gefühl haben, es handelt sich um eine ziemlich festsitzende Störung.

Energie jenseits von Einstein

Die Energie ist tatsächlich der Stoff, aus dem
alle Elementarteilchen,
alle Atome
und daher überhaupt alle Dinge gemacht sind,
und gleichzeitig ist die Energie
auch das Bewegende.

Werner Heisenberg, Physik und Philosophie

Energie ist zunächst einmal eine physikalische Größe, die sich in Joule misst. Der Energiebegriff wird überaus häufig genützt, auch außerhalb der Physik, Chemie oder Biologie. Selbst Politiker verwenden den Begriff, meist dann, wenn sie sich oder ihr Tun in einem dynamischen Umfeld sehen wollen.

Energie kann man speichern, Energie kann man übertragen, Energie kann in verschiedene Zustände gewandelt werden. Ein Teilchen in Ruhe hat die Energie $E = mc^2$, wobei m die Masse des Teilchens ist, c die Lichtgeschwindigkeit (in einer Sekunde legt das Licht rund dreihunderttausend Kilometer zurück). Dieser Zusammenhang ist ein wesentlicher Bestandteil der Einstein'schen Relativitätstheorie.

Sprachlich sind wir außerhalb der Physik, wenn wir von Energievergeudung, Energieverlust und Energiezuwachs sprechen. In einem geschlossenen System ist die Gesamtenergie immer gleich. Hermann von Helmholtz formulierte 1847 den bekannten und immer noch gültigen *Energieerhaltungssatz.* Tatsächlich verbraucht ein Auto keine Energie, es wandelt nur um in Bewegungsenergie und Wärmeenergie.

Energie im physikalischen Sinne ist gut beschrieben. Wir kennen mechanische Energien, elektrische und magnetische, chemische und thermische Energieformen. Energie hat aber auch andere, philosophische, psychologische und esoterische Aspekte. *Energeia* ist das griechische Wort, das für *Wirklichkeit* steht (im Gegensatz zum nur Möglichen). Im chinesischen Taoismus ist *Qi* (oder Chi) Energie, aber auch (wörtlich) Luft oder Äther. Qi ist eine Kraft, die alles Existente durchdringt. Eine ähnliche Lebenskraft kennt auch der Islam: *Baraka* kann auf Menschen und Gegenstände übertragen werden. Im alltäglichen Sprachgebrauch steht Energie oft ganz einfach für Motivation, Leistungsbereitschaft, Aktivität.

Wagen wir uns an den erweiterten Energiebegriff und beschreiben wir damit die Kraft im Sinne einer Lebenskraft, die in uns steckt, die es einzusetzen, zu kontrollieren, zu aktivieren gilt.

Energien sichern im geschlossenen System

Ausgestattet mit einem riesigen Energiepaket, das uns durch das Leben führen kann, ist es unsere Pflicht und Notwendigkeit, diese Energien gut einzusetzen und entsprechend aktueller Notwendigkeiten umzuwandeln. Gehen Sie einfach einmal davon aus, dass Sie in einem geschlossenen System (Leib, Region, Erde, Kosmos) leben und Zuwächse von Energien nicht möglich sind.

Wenn Sie etwas von Energie (Lebenskraft) zu verlieren schienen, ging dem nur ein Austausch voran: Sie gaben etwas von Ihren „positiven“ Energien und bekamen eine gleiche Portion „negativer“ Energien. Negativ ist nicht im absoluten Sinne zu sehen, sondern lediglich im Verhältnis und im Zustand mit einem selbst. Was für den einen positiv ist, kann für den anderen negative Wirkungen zeigen und umgekehrt.

Energien wandeln sich, hier bewegen wir uns auch entlang der Physik, und die positive Energie des einen wandelt sich also zur negativen bei dem anderen. Das kann so sein, das muss nicht so sein.

Von Anfang an sind wir mit einem idealen Energiepaket ausgerüstet. Wären wir alleine auf großer, weiter Flur bedürfte es nichts und niemandem, um gesund zu bleiben (Adam-Effekt). Ziel ist es daher, seine ureigensten Energien zu bewahren, zu sichern und schließlich die verlorenen, mit unpassenden ausgetauschten, zurückzuholen.

Ein Zaun gegen die Energie-Vampire

Schützen Sie sich vor den Energie-Vampiren. Lassen Sie niemanden in Ihr geordnetes Haus einfliegen, um Ihnen kostbare Lebenskraft zu rauben. Vampire haben wohl, literarisch zumindest, eine Aversion gegenüber Knoblauch. Behängen Sie sich nun nicht mit einer Knoblauchkette, oder machen sich durch überproportionalen Genuss dieser Knolle unsympathisch. Schützen Sie sich einfach durch einen Zaun. In der Psychologie kennt man den Begriff der Intimdistanz, die tatsächlich kulturabhängig ist. In Deutschland ist das etwa eine Entfernung zwischen dreißig und sechzig Zentimeter. Ähnlich, aber nicht identisch, ist unser Bild vom Zaun.

Wir helfen uns durch Visualisierung, wie schon so oft. Bauen sie um sich herum einen runden Zaun, etwa in Armlänge von Ihnen weg. Streichen Sie diesen Zaun golden. (Keine Sorge, es bleibt ein Zaun gegen Eindringlinge und wird nicht zum goldenen Käfig, dem Sie nicht mehr entrinnen können. Die Farbe Gold soll für den desinfizierenden Charakter stehen.) Sehen Sie sich innerhalb dieses Zaunes um. Sind Sie wirklich ganz alleine drinnen? Ist da nicht noch ein Mensch, der sich wohl so nahe an Sie drückte, dass er gut in dem neu eingezäunten Quadratmeter um Sie herum Platz fand?

Das dürfen Sie nicht dulden. Sie brauchen diese Zone ganz alleine für sich. Egal, wer sich an Sie schmiegt in diesem Bild, auch der geliebte Partner, die Mutter, der Vater, das eigene Kind, komplimentieren Sie diese Person hinaus. Sprechen Sie Ihren „Mitbewohner“ an, laut und deutlich, und bitten Sie ihn hinaus. Das macht Sie vielleicht traurig. Bitten Sie einen Ihrer Engel dazu, damit er diese Aktion begleitet.

Wenn Ihnen dieses Bild, diese Visualisierung gelungen ist und Sie tatsächlich jemanden um sich erkannten, den Sie hinausbitten mussten, dann haben Sie etwas sehr Entscheidendes erreicht auf dem Gebiet der Energiesicherung. Sie dürfen nicht zulassen, dass jemand von Ihren Energien zehrt, das macht Sie schwach und anfällig für Krankheiten. Der andere braucht Sie nicht, er versucht nur das Einfachste und Angenehmste für seinen Energiehaushalt zu finden. Auch der andere hat genug Energien, die er nur schützen muss, er muss sie nicht vampirisch saugen, schon gar nicht bei Ihnen.

Diese sehr praktische und einfache Methode zur Abgrenzung funktioniert, vielleicht nach einiger Übung in stiller Umgebung, immer wieder. Versuchen Sie auf keinen Fall Ihre Eingrenzung tatsächlich physisch sichtbar zu machen.

Noch eine gut gemeinte Warnung: essen Sie sich nicht Speck an, um genug Raum um sich zu haben. Tatsächlich steckt hinter dicken Menschen oftmals das Bedürfnis nach Schutzwall, der aber in Form von Leibesfülle schon per se ungesund ist.

Energie in der Eihaut

Eine andere Methodik sich Energie schonend, Energie bewahrend zu verhalten, geschieht in Form der Einhüllung. Sie werden feststellen, wie leistungsfähig Sie dabei plötzlich werden. Bei langen Wanderungen, oder einfach nur bei Einkäufen in der Stadt, verlieren Sie weniger Kraft, Ihre Beine schmerzen nicht mehr so sehr. Das sind aber nur – aber immerhin angenehme - Nebenwirkungen der nachfolgend beschriebenen Methode.

Auf keinen Fall wollen wir hier der Verschleierung Wort und Raum geben. Das Einhüllen mit einem Schleier, in seiner extremsten Form mit einer Burka, wie dies im Islam in vielen Gegenden mit den Frauen geschieht, nützt nicht, schützt auf keinen Fall vor Energieverlust.

Einhüllung in unserem Sinn ist die Schaffung eines Schutzmantels aktiver Energien um sich herum. Würde diese Hülle sichtbar sein, sollte sie aussehen wie ein Lichtkranz. Etwas weniger malerisch, aber gut gedanklich zu visualisieren, ist das Bild einer oder mehrerer Eihäute rund um sich. Schon den Embryo der Säuger schützen drei Eihüllen. Die innere Eihaut (Amnion) weist dabei eine große Festigkeit auf. Umgeben Sie sich hilfsweise, und natürlich nur gedanklich, einmal mit dieser Hülle, durchaus während Sie beim Einkaufen in der Fußgängerzone unterwegs sind, beim Bergwandern oder in einem Seminar mit vielen, vielen Menschen.

Diese Haut um sich kann vor Energieabflüssen schützen, ebenso, wie sie den Energieaustausch behindert.

Erinnern Sie sich an die Zentren eins bis sieben in einem der vorigen Kapitel? Energie fließt durch diese Röhren (von vorne nach hinten meist) und schließt über Sie den Energiekreislauf. Die sieben Energieröhren erzeugen also eine siebenfache Energiehülle um Sie selbst. Bei einem gesunden, ungehinderten, unblockierten Energielauf schützen auch solche Kraftfelder vor dem Verlust eigener, ausgewogener Energien, oder dem Zustrom und Austausch ungewollter Energieportionen.

Haben Sie keine Sorge vor den Bildern, die Sie sich in Ihrem Kopf malen. Glauben Sie Ihren eigenen Darstellungen eher, als den oft gezeichneten, naiven Gemälden, die Ihnen vielleicht lächerlich vorkommen.

Inhaltsstoffe aus der inneren Apotheke

Eine gute Kenntnis der Inhaltsstoffe, bei Lebensmitteln, Kosmetika, Arzneimitteln, ist Voraussetzung, oder zumindest Hilfe, bei der Beurteilung der angestrebten Wirkung. Machen Sie sich vertraut mit den Inhaltsstoffen Ihrer inneren Apotheke, über die hilfreichen Zutaten und über die schädlichen Ingredienzien. Glaube und Hoffnung sind die Katalysatoren einer Gesundung, Neid und Missgunst verhindern einen Heilprozess. Achten Sie auf einen ausgeglichenen Energiehaushalt.

Verändern verbraucht Energie

Versuchen Sie nie, den anderen zu verändern. Das lohnt den Energieaufwand nicht. Versuchen Sie sich selbst zu ändern, wenn Sie unzufrieden sind. Dafür vergeuden Sie Ihre eigene Energie nicht, sondern führen nur andere Energiezustände bei sich selbst ein.

Gehen Sie auf Ihre Mitmenschen verändert zu, statt sie ändern zu wollen.

Neid frisst

Etwas misanthropisch äußert sich Arthur Schopenhauer, wenn er behauptet „*In Deutschland ist die höchste Form der Anerkennung Neid.*“ Tatsächlich ist Neid das Gefühl der eigenen Unzufriedenheit im Vergleich der Lebensumstände mit dem anderen. Überprüfen Sie einmal, ob Sie das, was Sie dem anderen gerade neiden überhaupt haben wollen. Sie stehen am Hafen und sehen eine wunderschöne Yacht anliegen. Sie selbst haben keine. Bevor Sie nun Neid zulassen, fragen Sie sich doch einmal, ob Sie überhaupt so ein großes Schiff haben wollen. Wollen Sie sich mit dem Hafenmeister um Anlegeplätze streiten, mit dem Personal um Lohnforderungen?

Wenn Sie das alles und einiges mehr auf sich nehmen wollen, dann hören Sie mit der Neidpflege auf. Fangen Sie an, sich zu wünschen, so etwas besitzen zu wollen. Wen kennen Sie, der Sie informiert über die geeigneten Kaufkriterien, wer weiß über die richtigen Liegeplätze und Kosten Bescheid? Auf diese Weise kommen Sie Ihrem Wunsch näher und näher.

Alles, was Sie sich wünschen ist in ausreichendem Maße vorhanden, es mangelt der Welt an nichts. Das, was zu Ihnen passt, was Ihnen gut tut, finden Sie, ja, das findet wahrscheinlich sogar Sie!

„Ich bin!“

Seit dem amerikanischen Präsidentenwahlkampf von Barack Obama kennen wir den Spruch „Yes, we can!“ Dieser positive Aufschrei galt einem rezessionsgeschwächten Amerika und sollte den Traum wieder erneuern, dass alles möglich ist im Land der unbegrenzten Möglichkeiten.

Auch Sie selbst sind ein Land der unbegrenzten Möglichkeiten und Sie müssen nur erkennen, dass es Sie gibt, dass Sie sind: einzigartig, gesund und unbesiegbar.

„Ich bin ich“ war ein viel gespieltes Lied der Deutschpop-Gruppe Rosenstolz. „Ich denke, also bin“, erkannte im 17. Jahrhundert der Philosoph René Descartes. Die eigene Erkenntnisfähigkeit ist ein hohes menschliches Gut, machen sie davon Gebrauch.

Das „Ich bin“ ist ein Hauptwirkstoff Ihrer inneren Medizin. Eine mögliche Nebenwirkung ist vielleicht ein Egoismus, der sich dann entwickelt, wenn Ihr Handeln die Freiheiten des anderen einschränkt und dem anderen schadet.

„Ich bin“ bedeutet, in der Lage zu sein, sich und die eigenen Bedürfnisse, ebenso wie die Grenzen zwischen Nutzen und Schaden für die Allgemeinheit, *erkennen* zu können.

Wissen statt sorgen

Sie machen sich Sorgen um Ihre Angehörigen, um den lieben Menschen in Ihrer Umgebung, Sie ahnen, es könnte ihnen etwas Unerfreuliches zustoßen? Sie wollen Einfluss nehmen und warnen, gar abhalten von einer Reise, abraten vom Sport an diesem Tag?

Sehen Sie davon ab, in diese Menschen zu dringen, Sie machen sich nur unglücklich bei dem Versuch, vor allem, wenn er missachtet wird. Dennoch können Sie etwas für den anderen in solchen Situationen tun. Alles was Sie dafür brauchen ist ein fester und bestimmter Wille und ein wertvoller Satz, den Sie sich immer wieder vorsagen müssen, zumindest so lange Sie den anderen in der vermeintlichen Gefahr ahnen.

„Ich weiß, du bist zur rechten Zeit am rechten Platz!"

Mit dieser Formel drücken Sie aus, dass Sie an die positive Wirkung des Schicksals glauben, weil Sie dieser Kraft auch positiv gegenüberstehen. Sie benützen in diesem Fall die Macht des positiven Denkens, das im folgenden Kapitel noch einmal ausführlicher beleuchtet wird.

Ich denke, also will ich

Ein alter, weiser Mann, die Geschichte spielt vermutlich im alten China, wird von einem Fremden gefragt: „Ich muss jetzt hierher umziehen, welche Menschen wohnen denn an diesem Ort?“ Der Weise fragte zurück: „Wie waren denn die Menschen dort, wo du herkommst?“

„Ach, es waren viele schlimme, ungerechte und böse Menschen in meiner Stadt.“

„Genau diese Art wirst du hier auch finden“, antwortete der Gefragte.

Schon ein paar Tage später kam ein anderer Fremder zu dem Weisen, der auch von seinem bevorstehenden Umzug erzählte. Wieder fragte der Weise zurück, welche Menschen denn ursprünglich an seinem Heimatort gelebt hätten.

„Das war wunderbar: so viele freundliche Menschen waren um mich. Wir verstanden uns alle prächtig. Niemals wäre ich wegen dieser Menschen umgezogen.“

„Mach dir keine Sorgen, mein Freund, genau diese Sorte von Menschen wohnt auch hier“, sagte der weise Chinese.

Viele Geschichten gibt es darum, wie sehr positives Verhalten andere und einen selbst beeinflusst. Fast schon eine Binsenweisheit und Thema vieler Seminare für Manager und Hausfrauen: denken Sie positiv! Die Bücher darüber sind auch schon Legion. Das wundervolle Thema kennt allerhand Abwandlungen und ist Basis unerschöpflicher Zitate.

Merken Sie sich für Ihr gesundes Leben vor allem: reden Sie einfach nicht über Krankheiten, die Sie fürchten, denken Sie zum Beispiel lieber daran, wie gut es Ihrer Lunge noch geht, obwohl Sie vielleicht rauchen. Die Lunge dankt Ihnen das und regeneriert sich mit neuer Leidenschaft. Innerhalb von zwei Jahren haben Sie in jedem Fall wieder eine neue Lunge (vorausgesetzt, sie belasten Sie nicht wieder mit neuem Tabakrauch).

Krankheiten, über die Sie sprechen, die Sie genussvoll ausbreiten, halten sich länger, denn Ihr Körper denkt, Sie wollen diese Krankheiten behalten. Wenn Sie schon von der Krankheit sprechen müssen, reden Sie nie über *Ihre* Krankheit. Sie gehört Ihnen doch nicht und Sie wollen sie doch auch nicht. Distanzieren Sie sich von der Krankheit auch sprachlich.

Sagen Sie immer was Sie wollen, sagen Sie nie, was Sie nicht wollen. Es fließt Ihnen zu, was Sie denken. Denken Sie ruhig, Sie möchten auch so viel Geld, damit Sie sich den Mercedes kaufen können, den Sie beim Händler gesehen haben. Sie werden überrascht sein, wie schnell sich das Geld bei Ihnen dafür ansammelt.

Ist Ihnen schon einmal aufgefallen, dass Menschen, die von sich behaupten, sie würden nie einen Parkplatz in der Stadt finden, auch nie einen Parkplatz finden? Die aber, die selbstbewusst tönen, Sie fänden immer ein Plätzchen für ihr Auto, finden tatsächlich einen geeigneten Parkplatz - letztlich (kann natürlich schon zehn Minuten dauern).

Gehen Sie davon aus, dass alles Herbeigeredete auch zu Ihnen kommt. Wenn Sie das wissen, achten Sie zukünftig darauf, wie Sie über die Dinge sprechen. Sagen Sie nicht, den Job meines Kollegen bekomme ich ohnehin nie. Denken Sie lieber darüber nach, was alles in Ihnen steckt, das Sie benutzen werden, wenn Sie eine ähnliche, oder vielleicht sogar bessere Aufgabe, als die des verehrten Kollegen anstreben. Sie werden sehen, über kurz oder lang haben Sie die gewünschte Aufgabe. – Das klappt immer!

Sie ziehen als Mensch die Dinge an, die Sie wollen. Passen Sie also auf, dass Sie auch das Richtige wollen. Daher kommt die Empfehlung: positiv denken! Das meint in erster Linie, die guten Dinge wünschen, in der Art und Weise auch positiv formulieren. Das „ich will nicht“ ersetzen Sie einfach durch ein „ich will.“

Auf Reisen haben viele Menschen das Problem, dass sie das fremde Essen nicht vertragen. „Auf diese scharf gewürzten Speisen bekomme ich Durchfall“, sagt derjenige, der prompt Durchfall bekommt. Warum? Er wünscht es sich geradezu, deshalb bekommt er seinen Wunsch auch erfüllt. „Ich freue mich auf die Geschmackexplosionen in meinem Mund, vor allem das scharfe Essen bringt mir da immer wieder neue Erlebnisse!“ Garantiert wird dieser Mensch keinerlei Probleme mit der Verdauung bekommen.

Diese Beispiele sind absichtlich profan gewählt, damit Sie es leichter und unmittelbar an sich ausprobieren können. Selbstverständlich gilt für das Große, was für das Kleine auch gilt. Das gilt vor allem für Ihren Körper, für Ihre Gesundheit. Verwehren Sie sich der üblen Gedanken. Bedauern Sie nicht das Knie, das wahrscheinlich schmerzen wird, nach der Bergwanderung. Wenn Sie das tun, dann schmerzt es mit ziemlicher Sicherheit. Denken Sie lieber daran, was Sie in letzter Zeit dem Knie alles Gutes getan haben (auf richtige Ernährung geachtet, ausreichend bewegt, etc.) und überzeugen Sie sich (und Ihr Knie), dass es für den Bergauf- und -abstieg wohl gerüstet ist. Sie werden überrascht sein, wie gut Sie sich fühlen.

Gesund sein wollen heilt. In wissenschaftlichen Studien wird immer wieder der Placebo-Effekt untersucht. Festgestellt wird, dass Heilung eintritt, nur weil der Proband glaubt, er tue etwas Gutes für seinen Körper. Umgekehrt wirken oft Heilmittel nicht, weil der Glaube an seine Wirkung gar nicht vorhanden ist. *„Der Glaube versetzt Berge"* heißt eine alte Volksweisheit. Na und, wenn es so einfach ist, Berge zu versetzen, dann lassen sie uns diese versetzen.

Viele Stellen in der Bibel zeigen, wie der Glaube belohnt wird. Wir müssen nicht im Alten Testament lesen, um Beispiele für diese Belohnungen des Glaubens zu finden. Wir können auch die Geschichten unserer Zeit lesen. Lesen wir von den Menschen, denen angeblich eine Spontanheilung widerfahren ist. Wir werden immer feststellen, wie fest diese Menschen an etwas geglaubt haben: an Ihre Gesundheit, an Gott, an Schutzengel, an Magie, an die Kräfte des Universums. Es ist ganz egal, worauf sich der Glaube stützt, wenn er nur ernst gemeint und positiv formuliert ist.

Positives Denken führt zu positiven Ergebnissen. Die Umkehrung gilt leider auch. Wenn Sie das schon wissen, warum denken Sie nicht einfach immer und ausschließlich positiv? Das kann man üben und Sie werden schon heute damit anfangen.

In Ihrem Körper stecken alle Kräfte, alle Medikamente, alle Energien, die Sie täglich brauchen, um gesund zu bleiben, oder wieder gesund zu werden. Das können Sie einfach glauben. Damit diese Kräfte immer wieder reaktiviert werden und Gutes zufließen kann, gibt es ein paar Hilfsmittel und Methoden, wovon in diesem Büchlein einige erwähnt oder erklärt wurden.

Viel Spaß beim Ausprobieren! Und noch etwas:

Versuchen Sie immer so zu leben, dass es Mensch, Tier und Erde nützt. Achten Sie bei allem was Sie tun darauf, niemandem zu schaden. – Dann machen Sie immer alles richtig.

Index

Die Autorin

Christel-Sophie Görlach, geboren am Frühlingsanfang 1963, fasziniert ihre Umgebung durch eine heiter-fröhliche Ausstrahlung. In nunmehr zehn Jahren erprobte sie mit zahlreichen Menschen Therapien zur Heilung krank gewordener Körper und Seelen.

Der Weg der alleinerziehenden Mutter eines Sohnes und einer Tochter war durchaus steinig. Zur Erleichterung ihrer Mutter suchte sie schon mit sechzehn Jahren eine Selbständigkeit, die sie über Tätigkeiten im Einzelhandel und in diversen Bürojobs nach Australien verschlug. Wieder zurückgekehrt, führte eine lange Krankheit, infolge eines Schiunfalles, zur Umkehr in ihrem Denken und Handeln.

Die Erneuerung des Glaubens an die geschaffene menschliche Einzigartigkeit und eine mehrjährige Ausbildung in paramedizinischen Therapien entwickelte der Autorin interessante Wege, auf die sie nun viele Ratsuchende in täglicher Arbeit begleitet.